一片丹心在杏坛

鲁文娟 著

济南出版社

图书在版编目（CIP）数据

一片丹心在杏坛 / 鲁文娟著. -- 济南：济南出版社，2023.10（2024.5 重印）
ISBN 978-7-5488-5885-0

Ⅰ.①一… Ⅱ.①鲁… Ⅲ.教育工作 Ⅳ.①G4

中国国家版本馆 CIP 数据核字 (2023) 第 176790 号

一片丹心在杏坛
YIPIAN DANXIN ZAI XINGTAN
鲁文娟　著

出 版 人　谢金岭
责任编辑　张若薇
特约编辑　邰淑波
装帧设计　刘梦诗

出版发行　济南出版社
地　　址　山东省济南市二环南路1号（250002）
总 编 室　0531-86131715
印　　刷　济南乾丰云印刷科技有限公司
版　　次　2023年10月第1版
印　　次　2024年5月第2次印刷
开　　本　145 mm×210 mm　32开
印　　张　10.25
字　　数　240千字
书　　号　ISBN 978-7-5488-5885-0
定　　价　58.00元

如有印装质量问题　请与出版社出版部联系调换
电话：0531-86131736

版权所有　盗版必究

一个语文老师的心灵史

像许多教育管理者一样，我时常阅读一些教育教学管理方面的著作，以期打开视野，及时吸收科学、先进的教育教学管理研究成果，增厚教育教学管理理念，丰富教育教学管理模式，更好地进行管理，给学生提供更好的教育。也几乎每次，我都有醍醐灌顶、豁然开朗的获得感。

然而，当自己学校教师的书稿摆到我的办公桌上时，那感觉又是如此地独特而新鲜。通览全部书稿，我更多收获的却是一份满足与感动。

说它独特，是因为书稿来自身边的一线教师，这种阅读体验是前所未有的。鲁文娟老师是我校的一位语文教师，是"山东省优秀教师"荣誉获得者,因为教学教研成绩突出,几年来一直承担高三重点班教学工作。她能写出这样一部作品,我并不感到惊讶,这源于我多年来对她的了解:她不但是一位用功教学的老师,更是一位用心教学的老师。"洛阳三月花如锦,多少工夫织得成?"今天,她终于捧出一本书稿,这是她在三尺讲台长期耕耘的收获,是她多年来心血的结晶,我由衷地向她表示祝贺。

说它新鲜,是因为书稿字里行间洋溢着亲历感。这本书不是空中楼阁,满足于泛泛而谈、坐而论道。它是一线教师工作日常的流水簿,事无巨细,不厌其烦;是一个教育者的赤子情怀,满满可见的都是真知灼见、真情实感。鲁文娟老师在谈自己的教育理想和执教理念时,不见高高在上,也没有疾言厉色,而是将自己的所经、所历、所见、所闻、所思、所悟顺手拈出,娓娓道来。这种亲历感,平淡中见精神,朴素中带美感。

我最大的感受还是满足。读"教育之思",我读出了"爱"。爱学生,爱同事,爱家庭,爱教育这份事业;爱语文,爱成长,爱成功,愿意为这份爱付出全部。因为爱,所以执着;因为爱,背负责任;因为爱,勇于割舍。读"教育之鉴",我读出了"诚"。"他山之石,可以攻玉。"鲁文娟老师是一个真正爱学习的人,是一个真诚的学习者。她似乎时时刻刻不忘学习:在全国性教育教学研讨会上学,在区域性教学研讨会上学,在远程教育研修班里学,在学校全体教职工大会上学；向专家教授学，向前辈名师学，向同行同事学。她的学是虚心的学，是真诚的学。善于学习他人的成功经验，应该是她很快走向成功的一个法宝！读"教育之论"，我读出了"真"。"千教万教教人求真，千学万学学做真人。"著名教育家陶行知先生的这句格言道出了教育的根本。通观第三辑，无论是课题研究报告还是典型经验发言，无论是课堂教学实录与反思还是一般教学教研论文，鲁文娟老师的观点和见解总是从课堂中来，直面自己的教学得失，持之有理，论之有据，令人信服。而读"教育之迹"，我则读出了"实"。这个实，是脚踏实地，扎扎实实；也是追求真理，老老实实。不管学习还是做学问，都离不开一步一个脚印的老实态度。

就是这样，鲁文娟老师用她满腔热情的爱，扎扎实实地探求教育之真、追求教育之美。她的勤奋让人动容，她的成长让人高兴。我们永远为心怀热爱、执着追梦的老师而感动。

在鲁文娟老师的这本书中，随笔类作品选得不多，然而读来却别有意趣。日常生活里，那些平凡、那些琐碎、那些不经意的顿悟，时时发出微光，摇曳多姿，令人心生温暖与感动。经典之美，要阅读才能领略；生活之悟，要拥抱才能体会。"读万卷书，行万里路。"远足，旅游，又何尝不是一种拥抱，何尝不是一种学习。文如其人，文章可以映照出一个人的精神底色，我从鲁文娟老师的这些随笔里，看到了她热爱生活的另一面。

　　感慨之余，我不由重新思考怎样做一个新时代合格教师的问题。首先，他必须是一个善于学习的人。苏霍姆林斯基说："教师知识应是教学大纲所要求知识的30倍、50倍。"这么多的知识从何而来？只能通过学习持续获得。所以，树立终身学习理念，对一个教师的成长至关重要。其次，他还必须是一个善于思考的人。教师不是知识的复读机，只靠单一地、照本宣科地讲教材是远远不够的，优秀的教师是用自己的学识和人格来影响学生。所以，善于思考，提高自身的学养必不可少。再次，他还应该是一个能"写"的人。教有所思，思有所得，得必有录。日日思考，月月精进，慢慢地，他就会不再满足于成规，而是变成一个在教学上有创造能力的老师，这时候再去教学生，必将"恢恢乎其于游刃必有余地矣"。最后，很重要的是，教师要有爱心，这是以上三者的旨归。优秀的教师会用自己的学识和爱心把学生引领上一个又一个高地，让学生去领略美、欣赏美，去发现意义、创造意义！

　　鲁文娟老师的这本书就要付梓了，如果让我用一句话来评价这本书，我想说，与其说这本书是一个教师的教学心得，不如说它是一个教师心灵的成长史。洪炉告诉人们钢铁是怎样炼成的，而这本书告诉我们一个优秀教师是怎样"炼"成的。我相信，这本书的出版只是一个开始，因为教师的教育探索永远在路上。在此，我由衷地祝愿鲁文娟老师的教育实践结出更多的硕果，祝愿她写出更多的"心灵史"。我也相信，看到这本书的人会和我一样喜欢上这本书，因为这本书不只于教者有益，于所有人都有益。

2023年2月3日

（本序作者张守标，系山东省莒县第二中学校长、党总支书记，山东省优秀校长。）

目录

教学篇

第一章 教育之思

最好的教育是什么？ …… 2
爱,是一方小小的板凳 …… 6
那些缺失,妈妈记得 …… 8
那一刻,我被感动了 …… 12
心田一亩种什么? …… 14
追梦人 …… 16
长鸣的警钟 …… 19
漫话对联 …… 21
致高三学生 …… 24
到什么山唱什么歌 …… 27
让语文课堂慢下来 …… 29
教鞭虽轻,责任重大 …… 31

愿有岁月可回首,且以深情献教育 …… 33

第二章　教育之鉴

爽籁发而清风生,纤歌凝而白云遏 …… 36
相遇南开 …… 40
以服务的心态面对学生 …… 44
映阶碧草满春色,隔叶黄鹂鸣好音 …… 47
欲穷千里目,更上一层楼 …… 49
外柔内刚酝教育方法,心态平和酿幸福人生 …… 55
心若在,梦就在 …… 57
凝视生活,润泽心灵 …… 59
文学使我们温暖 …… 63
新时代下的孔孟思想解读 …… 66
文学是教育的颜色 …… 69
温暖的人性之美 …… 71
人到无求品自高 …… 73
直如朱丝绳,清如玉壶冰 …… 76
走近名师 …… 79

第三章　教育之论

有你在,灯亮着 …… 82
走过2011年春天 …… 89
一节雪天的语文课 …… 95
课堂教学实录与反思 …… 100
一路汗水,一路芳香 …… 112

纠偏补弱,做好初高中的衔接过渡 ……………… 125
"墙内"开花也需"墙内"香 …………………… 128
若想寸草节节高,就要三春晖普照 ……………… 135
一种事半功倍的学习方法:上钩下连法 ………… 140
五法并举打造高效作文课堂 …………………… 143
在语文教学中进行口才训练的意义 ……………… 147
语文教学如何与心理健康教育相结合 …………… 152
如何应对作文阅卷中的"三眼" ………………… 156
我的阅读教学四步法 …………………………… 160
用好三步,把握文本 …………………………… 163
养成积累的好习惯 ……………………………… 166

第四章 教育之迹

课文赏析,让文学的鸟儿飞翔 …………………… 171
美好·残酷 ……………………………………… 176
冰雪中的坚守 …………………………………… 178
父母如何引导孩子爱上写作 …………………… 180
共沐书香,我与女儿同成长 …………………… 195
女儿的修辞 ……………………………………… 198
亲子共读,我与女儿同写读后感 ………………… 200
让孩子愉快地写作吧 …………………………… 204
女儿和我比童年 ………………………………… 211
作文审题立意及下水作文之一 …………………… 215
作文审题立意及下水作文之二 …………………… 219

作文审题立意及下水作文之三 ·················· 223

作文审题立意及下水作文之四 ·················· 227

作文审题立意及下水作文之五 ·················· 230

作文审题立意及下水作文之六 ·················· 234

作文审题立意及下水作文之七 ·················· 237

作文审题立意及下水作文之八 ·················· 240

随笔篇

第一章　经典之美

相信阅读 ·················· 245

赌书消得泼茶香 ·················· 251

一朵优雅的白莲 ·················· 252

香菱学诗 ·················· 255

文学有什么用 ·················· 257

清明时节忆陆游 ·················· 260

做一株水边的垂柳 ·················· 262

留几本书在沙发 ·················· 264

第二章　生活之悟

雪　人 ·················· 268

感动，就在身边 ·················· 270

那些温暖的记忆 …………………………………… 272
做人，要有骨气 …………………………………… 275
春之雪 ……………………………………………… 277
世博会法国馆 ……………………………………… 279
妈妈·婆婆·我 …………………………………… 281
那盆摇曳的凤尾竹 ………………………………… 283
倾听一首大海的歌 ………………………………… 285
那些中国的脊梁 …………………………………… 287
谈　心 ……………………………………………… 289
那些谦卑的身影 …………………………………… 291
状元和乞丐 ………………………………………… 293
我懂得了行动 ……………………………………… 294
我们家的三代女性 ………………………………… 296

第三章　远足之旅

旅游是一首诗 ……………………………………… 301
明月清风自在怀 …………………………………… 303
夜游植物园 ………………………………………… 305
因为有你 …………………………………………… 307
红　叶 ……………………………………………… 309

后　记 ……………………………………………… 312

第一章 教育之思

教学篇

最好的教育是什么？

看到《日照日报》组织"我的这十年"征文比赛，我想我作为一名教师，已经在教育战线走过了二十五年，也是时候回顾自己的教育历程了。二十五年来，遇到的种种教育现象促使我经常思考这样的问题：教师到底该不该对学生严格？严格的教育会让师生关系发展成剑拔弩张的对立关系吗？最好的教育到底是什么？

我想用自己经历的三件事来对自己、对教育的现状进行反思。这三件事分别涉及三个学生，我分别用李、孟和王来代替他们。

这是与学生李之间发生的故事。那时的我年轻又有精力，自认是个负责任的老师，便把全部的热情投入到教学中，希望每一个学生都能青出于蓝而胜于蓝。

直到那天……

那一次，只有李没有交作业，我生气地问他为什么不交作业时，他冷冷地看着我一言不发。年轻气盛的我被他挑衅的眼神伤害到，忍不住捶了一下他的胳膊。没想到，他竟触电般弹起，气愤地瞪着我，毫不客气地指着我吼："我要告你体罚学生。"我的愤怒立刻被点燃，为学生付出了这么多，就换来了学生如此的野蛮对待和嚣张威胁吗？愤怒让我失去理智，我仰头怒视着人高马大的男生,用震塌楼宇般的高分贝声音嘶吼:"你去!你的权利就是这么滥用的吗?你不交作业,我一个女老师捶了一下你的胳膊,就要被你告吗?……"虎背熊腰的他好像一下子被我的怒气镇住,仿佛凝滞了几秒才清醒过来。他扣住桌边的双手缓缓放松,低下头,嘴里告饶道:"老师,我……"我的愤怒没有丝毫减弱:"你作为学生不交作业,老师还不能管了?"高大的男生彻底低头了:"老师,我错了,您别生气,我写检讨行不行?"鸦雀无声的教室里,我用理智压下了所有怒火和委屈。事后他认认真真做出一番检讨,从此认真学习,再不敢顶撞我。经过这次事件后,学生大概都被我的威严吓住了吧,课堂纪律出奇地好。三年后,李如愿考入了大学。

尽管这次事件以我的"胜利"而宣告结束,但我没有感到丝毫开心。因为过分生气,我身体不舒服了好长一段时间,只要一想到学生要告我就备感心寒。

我开始尝试着尽量少管学生,不跟他们生气。在这样的心态下,发生了与学生孟的故事。

在一次诗歌朗诵活动中,我发现了孟的才华。孟声音浑厚深沉,一首《江城子》,被他朗诵得荡气回肠、扣人心弦,我高度赞扬并给他纠正了几处情感不到位的地方。朗诵比赛中,他毫无悬念地拿到了一等奖。那段时间,我欣赏他、他佩服我,我们的关系就像朋友一样。他的语文成绩也迅速提高,甚至每次考试都能稳定在 115 分以上。意外就在这时发生了。一次考试后,我一边讲评一边要求学生用红笔修订自己试卷上的答案,走到孟身边时,却发现他的试卷竟然一点改过的痕迹都没有。我不由得生气了,这么得意的弟子上课怎么能是这种状态!我指着他的试卷,一改平日的温和,严厉地说:"你记一下有多难?何况你考得并不好。"他的动作让我终生难忘:他当着我的面,拿起试卷揉成一团,唰地扔进了身后的垃圾桶。这还是我赏识的那个学生吗?我顿时火冒三丈,但又颇感无力。最终,我压住了心中燃起的怒火,什么也没说就转身离开了。只是从此,他很少再与我有交流,成绩也直线下降。高考时,他语文只考了84分。后来听说他去了一所专科学校,我感到了深深的遗憾。

就在我开始反思自己对李和孟两个学生的态度时,和孟类似的事件又发生在了王的身上。那时已临近高考,我检查学生上一节课完成的试卷,只有王说试卷找不到了。我告诉他:"别着急,慢慢找。"直到最后,他看拖不过去,才从桌洞中抠出试卷。其实,他根本没做。我真着急了:"马上就高考了,你……"我想拿起他的试卷细看,他却伸手阻拦,嚓的一声,试卷被撕裂了。王怒气飙升,一把夺过我手中的试卷并将其彻底撕碎扔到地上。我大脑飞速运转,李、孟的反应和他们的结局,像电影般一帧帧地在我眼前映过。我深吸一口气,弯腰捡起地上撕碎的试卷,细心粘好后对他说:"快高考了,不但要努力,也要学会控制自己的情绪啊!"他当时脸就红了,低声说:"老师,对不起。"下课后,他又追到了办公室,首先冲着我深深鞠了一躬:"老师,我必须向您郑重道歉,您看我以后的表现吧。"还没等我说话,他就转身一溜烟跑了。果然,从此他认真完成作业,上课积极回答问题,各方面表现都堪称完美。最终,他以优异的成绩考入了心仪已久的大学。

如今,我已人到中年,家里经常聚满回来看我的学生,我却常常想起李和孟。毕业后,他们都没有与我联系。有时我想:假如我当时压住了自己的愤怒,私下跟李交流,或许就不会伤害他的自尊心;假如我用对待王的态度对待孟,他的命运也许会改写吧。我想起了郑板桥的诗"新竹高于旧竹枝,全凭老干为扶持",作为教师,一句温暖的话、一个鼓励的眼神,或许都会成为扶持学生超越"旧竹枝"的力量吧,甚至还会在他们的生命中留下抹不去的痕迹。而这,不正是身为教师的我所追求的吗?

  现在的我依然严格要求学生,只是再发生意外的时候,我更愿意把他们叫到教室外,温和地说:"给我一个你这样做的理由。"这样的我,好像更受学生欢迎。德国著名哲学家雅斯贝尔斯曾说:"真正的教育是用一棵树去摇动另一棵树,用一朵云去推动另一朵云,用一个灵魂去唤醒另一个灵魂。"我突然明白了,用真心、爱心付出的教育,用灵魂唤醒灵魂的教育,才是最好的教育吧。

爱，是一方小小的板凳

人生的旅程中，有些小小的温暖淡淡如风、浅浅如水，但它们却在我们的心田里种出一片青葱的绿，点缀着我们的生命，柔软着我们的心灵。

记得那是一节习题课，我抱着一摞学生作文走进教室。布置好任务后，我开始准备批阅学生们前一天写的作文。咦，讲桌前的板凳怎么不见了？我随口说了一句："哪里有多余的凳子，请帮我送上来。""老师，这里有。"那个平时喜欢调皮捣蛋的男生迅速帮我拿了一个板凳。看到学生已经进入做题状态，我也开始批阅作文。中途抬头一看，只见学生们在全神贯注地做题，只有那个刚才帮我拿板凳的男生跟他的同桌斜着身子，一看就没有认真学习。我有点生气，但转瞬又一想：他没有说话，能这样安静地坐着，不影响别的学生就不错了，斜着坐就斜着坐吧！再说，两个班的学生作文，批改任务重，时间又紧，还是不去纠正他了吧！这样想着，我又低头投入到工作中。

快下课了，我放下手中的笔，活动一下酸涩的肩膀，又抬起头扫视全班。教室里静悄悄的，沙沙的写字声就像悦耳的音乐。我欣慰地想，学生们懂事了，照这样的学习状态，期末考试时，他们的成绩肯定会有大幅度的提升。等等，一个不和谐的音符出现了,刚才那个男生竟然与他的同桌背对背,正左手举着习题书,右手拿着笔往书上写着什么。这样的架势能做好习题吗?我立刻火冒三丈,冲下讲台,扳正他的身子,嘴里教训道:"告诉你多少次了,坐有坐相,站有站相,就是不听!你看你这是什么样子……"话未说完,他险些坐到地上。原来,他与他的同桌坐在同一个小小的板凳上——他把自己的板凳让给我了。整整一节课啊,两个一米七多的大男生,坚持着挤在一个小小的板凳上,该是多么难受,他们竟然坚持了下来,只为了让我——他们的老师坐着批阅作文。

我脸红了,为自己粗鲁的行为感到愧疚极了。我嗫嚅着说:"咱们不是有多余的板凳吗?我是想坐那一个……"他好像看穿了我的窘迫,安慰我说:"老师,我们俩坐一个凳子正好,你看!"说完他又夸张地示范了一遍与同桌挤在一个板凳上的样子,惹得周围同学哈哈大笑。

看着他夸张的动作,听着他调侃的语调,我的心中迅速升腾起一种感动。多么善良的学生啊,为了老师,他宁可委屈自己。我想,每个人身上都会有缺点,为人师者,更要善于发现学生的闪光点,从而引导他们拥有一颗积极进取的心啊!

罗伯特·勃朗宁说:"没有爱,世界将是一片坟墓。"今天的习题课,一个学生用一方小小的板凳,让我感受到深深的爱,更教会我思考要如何为人师。

那些缺失，妈妈记得

如今女儿已上大学，每每与她视频之后，放下手机，我的心中就会涌起深深的歉疚。身为教师，在女儿的成长路上，我缺失了很多应该陪伴她的美好时光。

缺失之一

时针指向晚上8:30，我的晚辅导时间结束了。此刻我心急如焚，早上就答应今晚早回家陪女儿做手工作业的，可是赵同学的作文还没完成。他总是拖拉，整天就想着能蒙混过关。我催过他好几次，他总是当耳旁风。我发狠说："今晚交不上作文，我就陪着你在教室里过。总之，要写完作文。"

自习课时间到了，赵同学以为我会急着回家，依然在磨磨蹭蹭。如果这次再不下决心制止他的错误做法，以后他更不可能按时完成作业了。只能选择对不起女儿了，我坚持在教室等着赵同学交作文。

随着放学铃声响起，学生们陆陆续续离开了教室，只剩几个调皮的学生。他们有的在催促赵同学快写，有的就站在我身边，我催促他们回家，他们也不着急。我生气地说："赵同学，看不出来，你朋友还挺多。他们宁可不休息，也在这里陪着你。"那些同学只是嘿嘿地笑,也不解释。

时间一分一秒地过去,赵同学终于着急了,笔尖唰唰动着,竟然很快就写完了。赵同学交上作文的那一刻,围在我身边的学生们忽地跑了,那速度,简直是在百米冲刺。

拖着疲惫的身体回到家,看着熟睡的女儿小脸却皱缩着,我的心也跟着皱紧了。

第二天,我忍不住问班长:"昨晚让你们走,你们不走,后来为什么又跑那么快?"班长说:"赵同学脾气不好,怕他一着急就会对老师发火,万一那样,我们几个就劝劝他。我们也怕您生气,所以留下来照顾您。跑那么快是因为回去晚了,学校会扣我们班级量化管理分。"

尽管那天气温低,可是我的心却温暖如春。

有生如此,师复何求?亲爱的女儿,有母为师,只能让你受委屈了。

缺失之二

"闺女,告诉你一个好消息,我今天下午最后一节没课,也没别的工作。你别骑车了,我下午去接你。"我一脸兴奋地对女儿说。女儿淡定地拿起车钥匙,一脸不屑地说:"老妈,不要再开这样的空头支票了。说不定你的学生下午又有什么事,你就把我抛到九霄云外了,我可不想再傻傻地等在校门口,备尝望穿秋水的滋味。"

我,一个在学生眼中一言九鼎的老师,竟然在女儿眼中如此不堪,我的心情一下子降到冰点。不行,必须改变自己在女儿心中的形象!我下决心今天一定按时接她,到学校后便立刻开启高效率工作模式。备课、上课,一气呵成,再看看时间,哈哈,今

9

天绝对让女儿心服口服。

"老师,您能再给我讲讲标题的作用吗?我怎么感觉还是不会做呢。"一脸懵懂的刘同学来到办公室。下一节是自习课,去接女儿时间也来得及,那就帮学生彻底找找掌握不好这类题的原因吧。

"刚才讲课的时候,你哪里没听懂?"

"老师,我听懂了,标题的作用要从多个角度思考,您讲得很清楚。只是具体组织答案的时候,我又不会了。"

"那还是没有厘清思路,没有明确把握主旨。我们以资料上的一篇文章为例,再来理一遍思路。明确主旨,你就会答题了。"

找到了原因,对症下药,刘同学很快就能组织出比较清晰的答案了。"老师,这种题我终于会做了。"她的眼中闪着兴奋的光芒。

我长舒一口气,抬头一看时间,坏了,接女儿的时间又晚了。我慌里慌张地往楼下跑。骑上电动车风驰电掣一般往女儿学校赶。赶到半路突然想起来,女儿说过要自己骑车,不用我接。唉,还是女儿了解我这个身为教师的老母亲啊。

缺失之三

手机响了,是个陌生号码。"喂,您是鲁文娟吗?有您的快递。"

我很奇怪,我没在网上买东西啊,哪来的快递?且不管他,去看看再说。走在路上,手机又响了。

"老师,快递您收到了吗?我给您寄的大米。"电话那头是早已毕业的程同学。

"你怎么又给我寄大米了?上次的还没吃完呢!"我埋

怨道。

"老师,您慢慢吃,东北大米比我们那里的大米香,好吃。"

"我知道,但是快递费比大米的价钱还高呢!"

"没事,老师,我现在工资高,如果当初听您的话,说不定工资还高呢!再说,您不是为了管我学习,经常顾不上管小师妹吗?就为这一点,我也要让小师妹吃上好大米。"他笑着说。

放下电话,我笑了,眼前清晰地浮现出程同学当初的样子。

"程同学,全班就你没交作文,你什么时候交?"

"老师,我还没写完,明天一定交。"他信誓旦旦。

"好,明天一定要交到办公室。"

第二天,他仍然没交,我只能把他叫到办公室,批评一顿后,再苦口婆心地教育,他的作文终于交上来了。

"程同学,《兰亭集序》这篇文章写得多好啊!组长说只有你没背过。你好好背,老师再检查你。"

"知道了。"他无奈地拿起课本,"永和九年,岁在癸丑……"我刚走出教室,他的读书声立刻消失了。

"程同学,下午放学后,你去我办公室背诵。"

他着急了,大声背起来。放学后,他磨磨蹭蹭地来到办公室,还是没背熟。我给他纠正字音,讲解背诵技巧,一遍又一遍,他终于顺利背完了。

只是,我回家的时间又晚了,女儿正噘着一张小嘴不高兴呢……

又一次跟女儿视频时,我谈起女儿成长过程中的这些缺失,表达了对她的歉意。女儿安慰我说:"妈妈,这些我都忘了,你不要放在心上。"可是,亲爱的女儿,这些缺失,妈妈永远记得呀!

那一刻,我被感动了

林全是我教的第一届学生,这个假期他又来找我玩了,还给女儿带了大包小包的零食、玩具。我批评他乱花钱,他真诚地对我说:"老师,没有你就没有现在的我。我现在一个月工资六千多呢,不怕花钱。"

这使我想起了曾经的林全。

林全是我教过的学生中最不守纪律且性格倔强的一个,上课除了睡觉,他从未老实过,不是和同桌说话,就是戳前座同学的背,要么就是踢其他同学的凳子,偶尔也看点小说。他嘴总是微微上翘着,好像随时准备反驳老师的说法,老师们一提到他就头痛。但是我从来没有放弃他,只要他不守纪律或不交作业,我就把他叫到办公室苦口婆心地劝说一番。见我诚心为他好,他也勉强答应我的要求或敷衍地把作业交上来。

有一次,他又因为没完成作业被我叫到了办公室。刚刚批评了另一个没交作业的同学,还有大量的工作等着我去做,我感到累极了,终于没压住心头的怒火,把他狠狠批评了一顿。他也火了,大声对我吼道:"我又没请你管我,你为什么总是跟我过不去?以后你不用管我了,我不想学习,我就是来长身体的,你满意了吧?"年轻的我一下子气蒙了,眼泪哗地流了下来,说:"林全,你太过分了,你要气死我吗？你要再这样气我，我跳楼算了，反正活着也要被你这样的学生折磨！"我当时的办公室在四楼，说完这句气话，我也不管他，只生气流泪，心中暗暗发誓，以后再也不管他了。

身边悄无声息，我转身向一边看了看，不知什么时候，林全站得离我远远的，我的怒火一下子又上来了。"过来，离我那么远干什么，难道我还打你不成？"他嗫嚅着答道："你刚才不是说要跳楼吗？我离窗户近点，我想，你跳的时候能拦住你……"一瞬间，感动和温暖弥漫在我的心头。学生再不守纪律、再倔强，也终归是自己的学生啊！知道关心自己的老师，他就一定是个可以被规劝的学生。那一晚，我们做了一番推心置腹的交谈。

后来，我依然尽职尽责地教育他，他也努力改正自己的缺点。他尽管还是会犯些小错误，但性格似乎柔和一些，不再那么倔强了，上课时也在尽力跟上老师的进度。因基础有限，他还是高考落榜了。看到同班很多同学考入理想的大学，他决心复读一年。复读的他很努力，经常跟我交流："老师，我要是早听你的，高中三年都这样努力的话，我早就考上大学了。"一年后，他考入了一所专科学校，升入大学的他依然很努力，后来又考入一所本科院校，当了班长、学生会主席，给我的来信也表现出春风得意。"老师，上本科后我也谨记您的话。现在的我当了班干部，拿学校的最高奖学金，班里最漂亮的女生也愿意做我的女朋友。我现在是考场得意，情场亦得意。不过我知道，这一切都应该归功于您，幸亏当初您没有放弃我……"现在的林全，已经是天津一家大型中外合资企业的骨干。

我常常想，幸亏那一刻的感动，使我没有放弃林全。对一个老师而言，善于发现学生身上的闪光点，哪怕是稍纵即逝的闪光点，是多么重要啊！

心田一亩种什么？

学期的第一节课，我让四个同学一组，组成学习小组后再推选出小组长。最后，剩下两个同学自成一组，于是二人互相推诿，都说自己语文成绩不好，胜任不了组长一职。我认为他们缺乏担当意识，开玩笑让他们表演一个节目，结果他们谁也不表演，并且态度蛮横，一副桀骜不驯的样子。我很生气，罚他们反思自己的错误，写出这件事的始末，并在规定时间上交到办公室。结果到了规定时间，他们并没有出现。老师的话就这样当耳旁风吗？我生气地想，晚上还有晚辅导，我一定找你们算账。

晚辅导时间到了，我怒气冲冲地向教室走去，心里想：你们眼中还有我这个老师吗？我一定要结结实实训斥你们一顿，让你们记住这个教训，也警示其他同学。转念一想，也许他们有特殊原因呢？也许他们已经写好了，只是没来得及交呢？也许……想到这里，我决定暂时按下怒气，好好地跟这两个同学交流。安排好学习任务后，我把他们叫出教室，尽量平静地问："你们写的文章呢？"他们拿出写好的文章，一篇题目是"老师的'见面礼'"，另一篇题目是"改变自己"，虽然写的篇幅实在有限，但是态度诚恳，也确实体现出改变自己的勇气。我又问："既然写完了，为什么不按时上交呢？"原来他们本来想去办公室,因为有同学拽着他们去日语班,回来时就晚了。那个看上去桀骜不驯,以我的经验来看很难会主动承认错误的男生,竟然很诚恳地说:"老师,我们没按时去办公室,是我们不对。我再写一篇文章吧,不过我最多也就写一千字,我可从来没写过这么多。"温暖瞬间盈满心间,我漾起温润的喜悦之情:这样一个个性突出的学生,不但能主动认错,而且还要为自己的错误主动承担责任,这是多么大的进步啊!我回答:"人,总要为自己的错误付出代价。字数多少不重要,重要的是你具备知错就改的勇气。况且,你现在已经敢于承担责任了。"另一个同学赶紧抢着说:"老师,我们两个互为组长,互相检查,这样行吗?"我高兴地答应了。

没有发脾气就把事情圆满解决了,我步履轻盈地走进了教室。"沧海横流,方显英雄本色。"此时虽然风平浪静,我却觉得自己像英雄一样。

这件事之后,我发现这两个同学的学习状态变得特别好。我想,假如我一来就大发雷霆,把他们训斥一顿,结果会如何呢?我不知道。但有一点可以肯定,我们师生一定不会像现在一样心情愉悦。

每个人心里都有一亩田,用它来种什么呢?种桃种李种春风,开尽梨花春又来。我想,作为老师,应该在心田中种植爱、温暖与尊重吧!

追梦人

我很喜欢德国哲学家雅思贝尔斯说过的一句话:"真正的教育是用一棵树去摇动另一棵树,用一朵云去推动另一朵云,用一个灵魂去唤醒另一个灵魂。"

作为一名教师,我深情地热爱教育,愿意用自己的灵魂努力唤醒学生们的灵魂,也一直这样践行着。雪花纷飞的时候,我带领学生们吟咏关于雪的诗歌,让他们欢快地在操场上放飞心灵;看到学生因为成绩下降而颓废时,我决绝地牺牲上课时间,带学生们去看一场让人热血沸腾的电影;我对教过的每一届学生都说:"老师绝不用分数来衡量你们,但会用学习的态度来评价你们。因为良好的学习态度会使你们养成坚忍的品格和执着的精神,让你们终身受益。"……每当这时候,我都会看到学生们欢欣雀跃,但总有人认为我浪费了学生的时间而横眉冷对。当我满怀激情地谈起"教育绝不仅仅是追求分数,而更应该培养学生做人及承担对这个社会的责任"等教育梦想时,很多时候得到的是否定与嗤之以鼻。有人会反驳我说:"有这个时间,不如赶紧给学生讲几道题,教出成绩才能说明你的实力。"每当这时,我只能用沉默来表达内心的悲哀。渐渐地,我似乎丢失了我的教育梦想,变为"追分大军"中的一员。

但何其有幸，在我几乎要把梦想弄丢的时候，我认识了段会玉老师。他是莒县第二中学的优秀班主任、教育界的名师，培养出无数名牌大学学生。他无时无刻不在用自己的人格魅力影响学生、引导学生。他告诉学生，"在止于至善""知止而后有定""人生要追求最高境界，学习要达到最高境界"，并通过组织"我爱我的祖国"主题演讲，让学生认识到学习的目的绝不只是考入一所好大学、找一个好工作，更重要的是为国家、为这个社会做些什么。他把北京大学学生赵兰昕的话"少年何妨梦摘星，敢挽桑弓射玉衡"制成条幅挂在墙上，用这样的点滴浸润着学生的心灵，引领学生架构起崇高的梦想。他还告诉学生，追求至高境界的过程中，还要感悟生命之美、享受生活之美。秋天到了，他捡起飘落的黄叶让学生观察其脉络，感受季节变化之美；鼓励学生走出教室、走进自然，感悟秋之韵味。他谆谆教导学生"用理性追求知识，用感性享受生活"；在家长会上，他让学生互相点评，让每一个学生参与其中，既让家长知道自己的孩子在同学们心目中的形象，也让每一个学生充分展示自己；他和学生同唱感恩之歌，把家长感动得热泪盈眶。家长由衷地说："从来没有参加过这样特别的家长会。把孩子送进这样的班级，是我们人生中最明智的选择。"谦谦君子，温润如玉，说的就是段老师这样的人吧。

段老师用自己的行动引领学生的同时，也深深影响着我对教育的理解。

他对我教育理想的改变，是从一节语文课开始的。学习《屈原列传》的时候，我想让学生对屈原有一个整体了解，计划放映《百家讲坛》中杨雨教授讲的《端午时节话屈原》。但是，单靠语文课的时间绝对不够，犹豫再三，我还是告诉了段老师自己的想法。没想到，段老师不但没有否定我的想法，反而毫不犹豫地调出整整两个晚辅导，让我把节目放给学生看。高一下学期，写作要由记叙文转入议论文，我想先给学生看看辩论赛的视频，然后让学生整理材料，自己组织一场辩论赛。这样做又需要大量时间，我又找到段老师，他不但帮我安排了晚辅导，还让出了自己的物理辅导时间。但当我说有一套题没讲完、还需要一节课时，段老师却正色道："题海题海，永远做不完也讲不完。少讲一套题不要紧，平时注意渗透，学生的能力自然就提高了。"他是这样说的，也是这样做的。他为学生订购了大量报纸、杂志，还笑着对我说："少讲几套题，多让学生看点新闻。要让学生关注时代，放眼社会……"那一刻，我的教育理想复苏了，我们倾心相谈，"取诸怀抱，悟言一室之内"。段老师动情地说："我们一起努力，教育出几个拔尖的人才……"我突然认识到，追梦的途中，我的意志是如此脆弱不堪，而段老师才是那个执着的追梦人。

何其有幸，命运的眷顾不仅让我认识了段老师这样的追梦人，也让我知道，这样的追梦人其实还有很多。他们是智慧与美貌兼备的数学老师、兢兢业业的英语老师、云淡风轻就能解决一切学科难题的生物老师、理性思维严密的化学老师、幽默诙谐中把严肃学科讲得浅显易懂的政治老师、温婉优雅的历史老师、灵动俏皮的地理老师……

一群个性鲜明的追梦人，在班主任段会玉老师的带领下，向着梦想中的教育圣殿执着奋进。

长鸣的警钟
——由一句话引发的思考

今天中午走过高一教学楼前,看到一位学生家长愤怒地摔坏了儿子的眼镜,又悲愤地对围观的学生说:"同学们,农村孩子上学不容易,千万别上网。"我明白了,又是一个因痴迷上网而荒废了学业的儿子,又是一个恨铁不成钢的父亲。

"农村孩子上学不容易,千万别上网。"这句话一直在我耳边回响。在我看来,网络是个好东西,它让人们足不出户便可知天下事。搜寻信息、查找资料,只要轻点鼠标就好。但中学生往往沉迷于网络游戏和网上聊天,喜欢在虚幻的世界中寻找刺激和满足,一旦入迷,又不主动控制自己,想"全身而退"就难了。所以,假如你不想到网上学点好的东西,这个网络,不上也罢。

再者,上网是需要钱的。农村孩子,上学的费用已令父母囊中羞涩,又哪有多余的钱给你买个昂贵的手机用来上网呢?你在网上玩得天昏地暗,殊不知你的父母正"脸朝黄土背朝天,一把稻苗一滴汗"地辛勤劳作。有时候,父亲还可能背井离乡,远赴一个陌生的城市打工了。异乡的亲人,可能做着城市里最辛苦的工作,可能受尽别人的冷眼,但他无怨无悔,只想更努力赚取微薄的薪金。这时候，你就是父母心中的太阳——一个永不破灭的希望。

于是，我明白了那位家长痛苦的、发自肺腑的话。希望家长的这句话能成为长鸣的警钟，警醒沉迷于网络的中学生。

漫话对联

对联是一种传统文学形式，也是我国宝贵的文化财富。从2004年起，高考语文试题开始考查学生对对联知识的掌握能力，表明语文考试更加注重贴近生活，更加注重考查学生的人文修养。

针对这一现状，我给学生讲解了对联知识。

对联其实契合了课本中的"律诗"内容。律诗中颔联和颈联是对仗的，而对仗又是对联的重要特点之一。所谓对仗，就是上下两句必须表达相对或相近的意思，两句字数相等、词性一致、结构相同。对联除了具备对仗这一特点，还要讲究上仄下平，即上联最后一个字是仄声（上声和去声，俗称的三声和四声），下联最后一个字是平声（阴平和阳平，俗称的一声和二声）。

举例来说，2004年全国卷出现的对联"爆竹声声脆，祖国日日新"，两句字数相等："爆竹"对"祖国"，都是名词；"声声"对"日日"，都是量词；"脆"对"新"，都是形容词。上联和下联词性完全一致：上联"爆竹"是主语，"声声脆"是谓语，下联"祖国"是主语，"日日新"是谓语，上联是主谓结构，下联也是主谓结构。从小范围来看，上联中"声声"修饰"脆"，是偏正结构；下联中"日日"修饰"新",也是偏正结构,结构完全一致。最后,上联"爆竹声声脆"中"脆"是仄声(去声),下联"祖国日日新"中"新"是平声(阴平)。看来,这副对联完全具备了字数相等、词性一致、结构相同、上仄下平的特点。

古人的习惯是将上联贴在右边、下联贴在左边,我们现在的对联已不太讲究"上仄下平"的规律和贴的顺序了,不过有一种情况仍然沿袭古代而来——家中挂中堂画,如果把上联挂在左边、下联挂在右边,那就贻笑大方了。

讲对联时,我给学生布置了一个轻松的寒假作业:请同学们于春节期间在老家各处走走看看,品味家家户户的春联,并从中找出十副新颖、典型的春联。

检查学生的作业后,我整理出一些列在下面,与大家共享。

1. 和和顺顺千家乐,月月年年百姓福。
2. 心田种德心常泰,福地安居福自多。
3. 心宽能增寿,德高可延年。
4. 传家有道惟存孝,处世无奇但率真。
5. 抬头见喜满堂喜,迎春接福全家福。
6. 三春喜庆三阳泰,五谷丰登五福临。
7. 春回大地处处花明柳绿,福至人家家家语笑歌欢。
8. 门上桃符浮瑞气,宅前爆竹贺新年。
9. 善为至宝一生用,心作良田百世耕。
10. 天上四时春作首,人间五福寿为先。
11. 福禄寿三星光照,天地人一体同春。
12. 冬去春来千条杨柳迎风绿,冰消雪化万朵梅花扑鼻香。

13. 一元二气三阳泰,四时五福六合春。
14. 天和地和人和和融华夏,歌美舞美花美美在人间。
15. 爆竹千万声人间换岁,梅花四五点天下皆春。
16. 二十四个节气,乾坤竞秀;五十六朵奇葩,和睦同春。

致高三学生

窗外寒风凛凛,狂风中,树木东倒西歪。凝神间,我仿佛听到了两棵树的对话。那棵颤抖不已的树悲哀地说:"怎么会有这么寒冷的季节?太痛苦了,我恐怕挨不过这个冬季了。"它身边的那棵树却迎着狂风展开自己的手臂,坚定地说:"不经寒冬,怎能叫树!让狂风来得更猛烈些吧,这样明年我们才会根深叶茂。"

这使我想起了你们——高三学生。高三,就如同一个人生命旅程中的严冬。在这样的严冬中,你是愿做那棵悲哀的树,还是那棵坚定的树呢?冬季是一个无法被代替的季节,我们也无法选择逃避高三这个人生的寒冬,那我们就这样做,从而战胜寒冬、走过寒冬吧!

一、意志坚定

记得有一次,我对一个很聪明但不认真学习的同学说:"你那么聪明,好好学,一定能考上本科。"他惊疑地睁圆了眼睛问道:"我能考上吗?不可能。"我突然想,他多么像寒风中那棵悲哀的树啊。思想上,他先入为主地认为自己考不好;行动上,他也没有刻苦努力,结果就真的与大学失之交臂了。如果在高三这个人生的寒冬中惨败,他会更加不相信自己,等到有一天走向社会,他也会发现自己处处碰壁。一个自己都不相信自己的人,别人更不会相信他。

马丁·路德·金曾说:"这个世界上,没有人能够使你倒下,如果你的信念还站立的话。"我想起读过的一篇文章《你嘴上所说的人生就是你的人生》中也提到,我们每天早上起来都要对自己说"我能行,我是最棒的",遇到困难时对自己说"我很棒,我能够克服",心情不好时对自己说"这是暂时的,明天就会好起来"。假如能这样做,你就会逐渐成为一个意志坚定的人、一个坚强自信的人。你会发现,阳光如此明媚,生活如此美好。

学着做寒风中那棵坚定的树吧,坚信自己会走过高三的寒冬,走过人生的坎坎坷坷。

二、方法得当

据说阿尔卑斯山上有许多挺拔的松树和杉树,一场暴风雪过后,松树因刚柔相济,完好无损,杉树却因韧性不足而被折断了枝头。我们也要向松树学习,方法得当,才能更好地进步。

高三学生需要掌握的知识点繁多,如何才能高效学习呢?

一是当日知识当日记。一天的学习生活结束后,晚上躺在床上,把每一节课的内容在脑海里回忆一遍。遇到忘了的问题要赶紧跳过,否则会越想越睡不着。第二天一早到教室,先查看、记忆前一天忘了的内容,再开始新一天的复习。

二是系统把握,由点及面,由此面到彼面。譬如学到某一中国历史事件,不能仅仅局限于记住这一事件,还要思考引发这一事件的原因是什么、造成了什么结果,同一时期,其他国家发生了哪些大事、国际局势如何,这样就能把琐碎的知识系统把握起来。

  三是逐一排除疑点、难点。平时做题、测试要养成一个好习惯,用黑笔作答,用红笔修改答案及记录老师补充的内容,然后把各科试题分类整理放置。大型考试之前,老师往往会给同学们一段自由复习的时间,这时候就可以把曾经做过的试题找出来,只看用红笔修改和添加的内容。最好边看边思考边动笔,俗话说"好记性不如烂笔头",思考加动笔,一定会事半功倍。复习的过程中,有些一看就会的知识可以轻轻放过;有些知识还是不明白,那就和同学讨论或请教老师,弄明白后做上着重标记,以醒目为准,因为这就是你的"软肋"。再次考试前,只需复习你加重点标记的题目就可以了。这就像过筛子。开始用稀疏的筛子筛繁多的知识点,留在筛子内的就是掌握不牢固的;后来用密密的筛子筛,你又会发现掌握不够的知识点,再一一攻克。最后你会发现自己掌握的知识点越来越多,你也会变得越来越自信。高考之前,最后一次把你积累的"宝贝"拿出来翻看一次,你就会满怀自信、斗志昂扬地走向高考的考场。

  衷心祝愿每一位高三学子都能蟾宫折桂。

到什么山唱什么歌

"到什么山唱什么歌"本意是指到了某一座具体的山,就要唱那座山周围流行的歌,比喻到一个地方就按照当地的风俗习惯生活。语言也是这样,说话时就应该用口语,形成文字时就应该用书面语。把口语带入书面语会让人感觉不伦不类,而把书面语带入口语则会让人觉得迂腐。

前几天我布置了一个作业,让学生写一段家长送饭的场景。其中有一个学生写爸爸为自己送饭时,有这样一句话——爸爸说:"你妈让我给你送点就菜,附着给你点钱。"

我不禁哑然失笑,这个学生就犯了口语和书面语不分的错误。口语是口头交际使用的语言,灵活多变,多因场合与发言者不同而被自由使用,它的特点是简洁明快、通俗自然。像学生家长说的这句话就倾向口语化。书面语是在口语的基础上发展起来的,是用于书面表达的语言,它的特点是精确、严谨、规范、有逻辑性。而上面这个例子既然形成了文字,就应用书面语表述——爸爸说:"你妈让我给你送点咸菜,顺便给你带点钱。"

还有一个学生这样表述自己的懊悔——假如我和同桌一样认真刻苦,我会和他差不哪里去。初读这句话时,我都没理解这是什么意思,后来才恍然大悟,他一定是想表述——假如我和同桌一样认真刻苦,我和他也相差不大。

这两个学生的错误,都在于把口语带入了书面语。

不由得想起多年前的一个冬季,雪后的早晨,我们全家人欣喜地谈论着这场大雪。妹妹第一个走出去,惊呼一声:"快来看啊,水缸里全结冰了!"弟弟禁不住撇着嘴嘲讽她:"你们听,我姐才去上了几天大学,连水上冻都不会说了。"现在想来,是妹妹把书面语带到了口语中,所以遭到了弟弟的嘲笑。

让语文课堂慢下来

很多中国人都是在诗歌里,不知不觉地成长了。小时候,我们跟李白同赏"床前明月光";长大离家后,我们会忆起杜甫笔下的"月是故乡明";忙碌烦恼时,我们又羡慕陶渊明"采菊东篱下,悠然见南山"的闲适……这种内蕴来自哪里?当然来自我们这个热爱诗歌的国度,更来自我们的语文课堂。

我喜欢在语文课堂上引领学生们欣赏"明月松间照,清泉石上流"的美景,感受"大江东去,浪淘尽,千古风流人物"的豪迈,感悟"自在飞花轻似梦,无边丝雨细如愁"的细腻。但因为千变万化的考试题型,我常常痛苦而生硬地肢解语文课堂,传授着分析表达技巧、体悟思想感情等方面的解题技巧。怎样才能把语文课堂变成绚丽多彩的课堂,让语文变成生命的一部分呢?这是我常常思考的问题。

山东省中语会第16届年会上,六节教学能手的展示课让我受益匪浅。联系到李老师推荐我读的《名家谈语文学习》,我突然茅塞顿开:原来欣赏语文之美、感悟语文之美,与考试并不矛盾。正如山东省语文教研员厉复东老师所说:"教得好,学得好,不怕考。"让语文课堂慢下来,把时间让给学生,引导他们慢慢品读,学生会还给我们意想不到的精彩;让语文课堂慢下来,不要把浑然天成的项链拆成一粒粒散乱的珍珠;让语文课堂慢下来,用温婉亲和消弭师生之间的距离。这也如特级教师刘笑天说的:"理想的语文课堂,应当像在钢琴上行走,每一步都是音乐。"

让语文课堂慢下来,不仅慢在诗中,也要慢在文中。慢慢品读《哦,香雪》,读出梦想的力量,悟出"宝剑锋从磨砺出,梅花香自苦寒来"的艰辛与喜悦;慢慢品读《傅雷家书》,读出傅雷先生对儿子的谆谆教诲,悟出"谁言寸草心,报得三春晖"的感恩与回报;慢慢品读《红楼梦》,读出世态人情,悟出"繁华之后,平淡是真"的自然与恬淡……

当然,让语文课堂慢下来,不等于漫无边际地拖延时间,而是要更深入地引领学生。这就需要教师更高的语文素养与更能打动人的亲和力。只有让语文课堂慢下来,认真吟诵,才能将一片片天光云影尽收眼底,使一股股清泉细流滋润心田。

语文课堂就应该慢下来,在浓浓的语文味中,在满怀诗意的情境中,在丰富的语言想象中,引领学生通过品读语言文字享受语言的魅力,以达到语文教学的最高境界——真实、朴实、扎实。相信,这样以"品读语言"为核心的慢下来的语文课,能让我们的学生都沉浸在"语言文化"的无穷魅力中,让每一个学生都想说、会说、能说,让我们的语文课真正散发出迷人的光彩!

人的一生有许多回忆,愿我的学生们丰富多彩的回忆中,有我一堂慢下来的语文课。

教鞭虽轻,责任重大

"教师手中的教鞭虽轻,但肩上的责任重大,应该淡泊明志,摒弃浮躁,潜心教学和教研。"西安交通大学何雅玲教授的这句话告诉我们:教师责任重大,不能甘于只做默默奉献的教书匠,更应该潜心教学研究。

关于教师的责任,唐代的韩愈有过明确的论述:"师者,所以传道受业解惑也。"这是就教学而言的。而何教授又告诉我们,教学和教研是密不可分的。所以在具体的教学中,我努力运用顾炎武的治学方法"贵创、博证、致用"来指导教学实践。"贵创"就是贵在创新,体现在接受先进的教育理念上。只有接受先进的教育理念,进行教研活动时才能紧跟时代的步伐。"博证"就是广征博引,要做到这一点,教师必须具有渊博的学识。我深深认识到"腹有诗书气自华""端给学生一碗水,自己应是源源不断的自来水"的道理,因此,我抓紧一切可以利用的时间,通过读书、学习来充实自己。"致用"就是教学研究要与教学实践结合起来,必须用先进的教育理念指导教学实际。语文教学,教死板了,学生不感兴趣;教太活了,学生只觉得热闹,学不到知识。最好的语文教学模式,当然是教师的知识能够传授给学生,学生又能够提出自己的观点。做好这三点,是每一位为人师者的责任。

　　当然,教师的责任不仅表现在教学教研上,还体现在育人上。教师是"人类灵魂的工程师",对于学生成长和成才的作用不言而喻。教师的理想信念、道德情操、人格魅力,直接影响到学生的思想品质和道德行为习惯的养成。古人云:"其身正,不令而行;其身不正,虽令不从。"高尚而富有魅力的教师会用自己的行动潜移默化地影响学生,使学生受益终身。哲学家孟德斯鸠说:"品德,应该高尚些;处世,应该坦率些;举止,应该礼貌些。"做到这些,用真心、爱心去赢得学生的尊重,是教师的责任,也是我努力追求的方向。

　　"白求恩奖章"获得者华益慰医生说:"一生只做一件事,那就是对得起病人。"而我想说,我一生也只做一件事,那就是对得起学生。因为我深深懂得,对医生而言,手术刀虽轻,关系患者的性命;对教师而言,教鞭虽轻,关系学生的一生。

愿有岁月可回首，且以深情献教育

陶行知先生说："人生为一大事来。"对我的人生而言，这件"大事"就是热爱教育。

小时候，我看着老师在讲台上"指点江山"的风采，内心充满敬佩与羡慕，更坚定了"长大后，我要成为你"的信念，但直至登上讲台，我才真正明白教育的意义。三尺讲台连着世界，小小教室关乎天下。通过教师的手指，学生可以看到月亮。教师的手固然不能点石成金，但对学生来说，教师的手必须是指向月亮的手。这就是我走上教育之路的初心。

坚守初心，以满腔深情对待学生。苏霍姆林斯基说："要让孩子在离开学校的时候，带走的不仅仅是分数，更重要的是带着他对未来社会的理想的追求。"教育的意义在于唤醒，唤醒学生发现自己的美好，让他们懂得追求生命的意义。我坚持关注每一个生命、善待每一位学生。教师应该多发现学生的闪光点，鼓励他们的创新与思考，我编写校本教材《最美年华》时，也用了许多诗歌评价学生，目的便是为每一个生命喝彩，给每一位学生以期待与希望，让他们拥有阳光般的灿烂和自信。我坚信，每一位学生都是一个绿色的生命，每一个生命都有与生俱来的力量，而这力量有待于依靠教育来发掘和唤醒。因此我又为他们编写了校本教材《校园植物姿韵美》，希望能给学生们种下语文和理想的种子，让他们的心灵得到熏陶、感情得到升华。哪怕只有一点点，我也想用心浇灌，让道德之花和爱国之花自然而然地在学生的心中绽放。

坚守初心，以满腔深情对待教学。苏霍姆林斯基说："有激情的课堂教学，能够使学生带着高涨的激动的情绪从事学习和思考。"想要创造有激情的课堂，首先就要学习"他山之石"。我深入揣摩语文教学大师们在课堂上的风采，探索他们炉火纯青的教学艺术，每一次触动心弦的学习，我都如饥似渴地进行记录，写出文字感悟。在此基础上，再次进行充分的备课，把最能促进学生思维发展和提高学生能力的问题带到课堂上，使课堂变得简单而清晰。为了每节课都有让学生眼前一亮的东西，每节课都有与众不同的精彩，我总是锲而不舍地探索追求，废寝忘食地冥思苦想，只为捕捉灵感突现的瞬间，为课堂增加亮点。同一篇课文教过数次，但每教一次，我总会找到新的灵感。用思想的火花照亮教学的时光，用精彩的文字记录教育的岁月，我正在努力做"一根能思想的苇草"。

每天兴奋地走进教室、满足地走出教室，我也从这种日常的、琐碎的、平凡的教育生活中得到了满足。因为教育这份使命，我的生命由渺小变得庄严，我的世界从柴米油盐放大到家国天下。平凡的生活注入意义，琐碎的人生变得厚重。我愿坚守教育这方热土，开出永远的生命之花。

第二章 教育之鉴

教学篇

爽籁发而清风生，纤歌凝而白云遏
——听特级教师程翔的小说课有感

因为校刊获全国校园文学成果展览会展出资格，对校园文学执着热爱的我，有幸参加了在北京召开的第三届全国校园文学研究高峰论坛，还聆听了我素来仰慕的程翔老师的一节小说课。

程翔老师讲的是鲁迅先生的《药》。他带着温和的笑容走进课堂，立刻就聚焦了全场的目光。他微笑着问："上课之前我想做一个统计，喜欢读小说的同学请举手。"几乎所有学生都高高举起了自己的手，程翔老师接着问："那有没有读小说读得废寝忘食的同学？"马上就有一些同学放下了手。"为什么喜欢却不能入迷地读呢？"程翔老师接着问。"因为作业多。"学生的回答颇有些排山倒海的气势。此时我担心地想：学生的回答是不是没有符合程翔老师的预设呢？接下来他会怎么把话题过渡到自己要讲的内容上呢？没想到程翔老师笑道："哦，是不是'众里寻他千百度，那人却在做作业'啊！"学生们哄堂大笑。

抓住师生心灵拉近的瞬间，程翔老师瞬间进入主题："我们这节课学习小说，而小说的核心是表现人物，人物在什么当中发展？""情节！"学生的热情已经被充分调动起来，高声回答。"这节课，我们就来学习人物和情节。《药》这篇小说太长，一节课学不完，我们先来学第三部分。这一部分，一共有哪些人物？请同学们自己思考，然后互相交流。"

简单的几句话，立刻引发了我强烈的共鸣。现在的语文课堂总是强调课堂的丰富多彩和学生的合作探究，导致教师过分重视学生之间的交流，而忽视了个体的深入思考。我听过太多的公开课，形形色色的同桌讨论、小组讨论、男生与女生讨论充满课堂，唯独缺少了学生独立思考的空间。缺少了个体的深入思考，这些讨论也只是营造出浮于表面的繁华罢了。只有在深入思考并形成自己独特的观点后再与他人进行讨论，才会产生思想与思想的碰撞。程翔老师的要求，让我欣喜地感受到自己日常教学坚守的正确性。

学生开始回答刚才提出的问题，有学生举例说出了老栓、小栓、康大叔、花白胡子等人物，其他学生进行补充。程翔老师写板书时就把这些人物分成了两类，然后问道："为什么同学们一开始都没有提到阿义、夏三爷、夏瑜这些人物呢？"有一个学生回答："因为这些只是在语言中出现的人物。"学生们都笑了，程翔老师顺势说："同学们能纠正一下他的说法吗？"立刻有学生回答："作者对这些人物运用了侧面描写，而康大叔等人是正面描写。"

对学生成功进行引导后，程翔老师立刻提出问题："小说的核心是塑造人物，人物又是在情节中体现的。哪个人物对情节发展最重要？请同学们交流讨论。"学生们的回答并不相同，大家各执己见。面对这一状况，程翔老师却高兴地说："同学们，看来我们很有必要上这节课。这些人在茶馆里谈话，话题是什么？"我立即想起曾经看过程翔老师的《雷雨》讲课实录，他结合生活实际，引导学生把握人物。我一直很清晰地记得，程翔老师是这样问的:"同学们在现实生活中经常对话。你们回忆一下,在对话的过程中,话题内容也会发生转化,是不是?"当时我就想,原来这么简单就能让学生立刻了解话剧,没想到今天还能听到程翔老师向学生解释小说的艺术。

学生已经开始了热烈的讨论,最后得出,话题是人血馒头,并说明故事情节的展开都是围绕人血馒头展开的。有学生反驳道:"故事情节是围绕探讨夏瑜展开的,那么话题应该是夏瑜。"但是"夏瑜的血成为人血馒头,人血馒头应该是话题"这个结论基本上得到了学生的认可。这时候程翔老师的引导很有意思:"绕了一个圈,我们又回来了。你们觉得老师这句话是什么意思?"有一个学生站起来质疑:"老师,我觉得你的想法不对。为什么话题必须只有一个呢?我觉得这两个话题都对。""这位同学说得非常好,来,我们给他掌声鼓励。的确,两个话题都很重要,这就是这篇小说独特的安排。人血馒头是明线,夏瑜是暗线。那么由人血馒头到夏瑜,是谁推进了话题的转移?"学生在讨论中自己解决了问题,老师接着提出新的问题,而且这个问题一下子让我们由关注作者浓墨重彩描述的康大叔转向了原来我们认为并不重要的"花白胡子",这极大调动了学生讨论的热情。

"原来你家小栓碰到了这样的好运气了。这病自然一定全好;怪不得老栓整天的笑着呢。"花白胡子一面说,一面走到康大叔面前,低声下气的问道,"康大叔——听说今天结果的一个犯人,便是夏家的孩子,那是谁的孩子?究竟是什么事?"

学生在讨论中明白了,正是花白胡子把话题由人血馒头转到了夏瑜身上。最后茶馆恢复往日的氛围,也是花白胡子的定性:"阿义可怜——疯话,简直是发了疯了。"花白胡子恍然大悟似的说。一个疯子,还有什么可谈的呢?于是"店里的坐客,便又现出活气,谈笑起来"。到此为止,我们明白了,即使一个小人物,也在小说的发展中起到不可忽视的重要作用。

值得一提的是,在这一部分的讨论中,程翔老师让学生反复揣摩人物的语言,并且问一个男生:"你能读出低声下气的语气吗?"当那个男生回答自己不会读这种语气时,程翔老师给予其充分的肯定,并铿锵有力地说:"生活中,作为一个男子汉,你最好永远也不会懂得这种语气!"如何做一个有尊严的人,就在这样的文本解读中,悄然植入学生的心中。

程翔老师的课,如春风化雨,润物无声。听他的课,我不由自主地想起王勃《滕王阁序》中的一句话:"遥襟甫畅,逸兴遄飞。爽籁发而清风生,纤歌凝而白云遏。"程翔老师以自己独特的温和、睿智与耐心,让每一位听课的师生享受到清风拂面的愉悦之情。

与程翔老师的合影

相遇南开
——"新课标特色课程建设"高端研讨会学习总结

杨花风起春意浓,莒州教师南开行。
文学情怀盈心中,归来授课满堂红。

最美是南开

四月的霏霏春雨中,古朴的南开中学更具风情。我们一行十三人走进南开,也走入一种文化。洁白的海棠花,虽不若桃之夭夭,但用尽毕生的精力开出一树繁华,开在这人间的四月天,用自己的轻灵浸润着南开校园。

步入南开大学,夹道的绿杨用飘飞的杨絮欢迎着我们这些远方而来的客人。直插云霄的枝枝翠绿呼唤着蓝天,连洁净的白云也为之驻足。马蹄湖畔,绿柳轻拂,微波荡漾。圈圈涟漪牵动着匆匆的脚步,柔软了停驻的眼睛。

"允公允能,日新月异"八个遒劲有力的大字吸引了我的目光,这就是南开的校训。张伯苓先生指出:"允公是大公,而不是小公……惟其允公,才能高瞻远瞩,正己教人。""允能者,是要作到最能……不仅要求具备现代化的理论才能，而且要具有实际工作的能力。""所谓日新月异，不但每个人要能接受新事物，而且要成为新事物的创始者；不但要能赶上新时代，而且要能走在时代的前列。"一代又一代的南开人，秉持着南开校训，开创着历史。其中，当首推我们的周总理。洁白的海棠花，朴实而谦卑，簇拥在总理的雕像前。做人，他严以律己，宽以待人；做事，他奉献自己的生命，建设新中国。此刻，总理的目光宽厚而温和。校史馆内的总理又是另一番模样，他双臂环抱于胸前，微笑着，连眉梢都带着笑意，似乎在深情地诉说："我是爱南开的。"他的目光也似乎穿越历史而来，看到了我们祖国的辉煌成绩，正发自内心地开怀而笑。离开校史馆，我默默地站在以总理的字命名的翔宇楼前，尽管四月的霏霏细雨粘在发梢、打湿衣襟，心中，却为离总理如此之近而雀跃不已。

南开之美，美在风景，美在文化，美在底蕴！

最忆是南开

在教育局王主任的带领下，我们参加了在南开举办的"新课标特色课程建设"高端研讨会学习。因为对南开的深深仰慕，我们步履匆匆，总想把所有的知识收入囊中。当我们急急步入会场时，我们发现自己竟是第一批进入会场的学习者，连值班的南开老师都对我们展露出赞许的笑颜。

第一个环节是微课展示。高原老师首先分享了"中国现代南开作家群研究"，通过对周汝昌、曹禺等南开走出的名人的探究，向我们介绍百年南开的人文底蕴，也告诉了我们文学对于生命的重要意义。高强老师更是身体力行，带领学生学习分析周恩来总理的《春郊旅行记》，自己写出下水作文，引领学生观察南开校园、研讨写作技巧。学生们在高强老师的指导下，写出的文章异彩纷呈。朴素的柴慈瑾老师，讲的课也朴实如其本人，但我们又能抽丝剥茧，看出她内在的功力。她通过一次作文的讲评，以学生的作品为例，引导学生总结出用典四原则：当简则简，点到为止；突出重点，叙议结合；善思明辨，旧事新说；博观约取，妙和无垠。三位老师从不同的角度设置微课，目的都在于用文学引领学生，让学生有所得、有所获。

第二个环节是文学课堂。五位老师分别举例探讨诗歌意象。不同的是，老师们授课风格各异，或妙语连珠，或简洁凝练，或幽默风趣，不一而足；相同的是，老师们对文学都无比热爱，都在用自身深厚的文化底蕴引领课堂。其中，赵铭方老师以《锦瑟》为例，赏析古诗词的意象之美。她首先指出"意"与"象"的特殊含义："意"指情思，"象"指物象，物象一旦进入诗人眼中，就会蒙上主观色彩。她以《锦瑟》的颈联"沧海月明珠有泪，蓝田日暖玉生烟"为例，引导学生进行审美鉴赏："泪"与哀愁相通，"珠有泪"，哭泣时的眼泪变成珍珠，珍珠越华美，悲伤越浓重；"烟"有成灰之意，"玉生烟"表示美好愿望终如蓝天烟云，可望而不可即，无奈而绝望。解读之后，赵老师又引领学生进行审美写作创新，学生们自由发挥联想和想象，从声光色味几个方面具体描绘对颈联的印象。学生们既提高了写作能力，又提高了文学鉴赏审美能力。

南开的活动课堂更是丰富多彩。从学生对《论语》的解读,到对梦想的理解与追求;从课本剧《孔雀东南飞》的表演,到"锵锵四人谈"对《三国演义》中"谁是一代奸雄"的解读,一直到"中华好诗词——飞花令"……活动的过程中,南开学子自信的笑容、丰厚的文学素养以及对经典的独特解读,无一不令人折服。丰厚的精神滋养,让南开学子的生命之花灿烂绽放。

最后,我们听了张鹏举教授和王世龙会长的两场报告。张教授谈了"关于整本书阅读教学的思考",强调经典名著的阅读是一种"刚需",即阅读经典是一个人立身本领、精神成长、幸福人生和生命延续的必需。张教授批评有些学校缺少阅读的环境,提出要想成为"全面发展的人",其中一个必备条件就是具有人文底蕴。他认为语文的核心素养是文化的传承与理解、审美的鉴赏与创造、思维的发展与提升,提出语文教师应引导学生对经典熟读成诵并融会贯通,对文本的把握应该经由语言抵达深层结构,要在抑扬顿挫中体会经典的声音之美,从而提升文学素养。在这一基础上,教师再对学生进行因材施教的个性化阅读指导。最后,张教授还推荐老师们阅读《有文化的文学课》一书。

杜威说:"艺术比道德更具有道德性。"透过文学教育,学生们能够浸润于文学意境,用思想与作家对话,进而了解大千世界,获得不可多得的生存智慧,找到灵魂栖息的地方。相遇南开,让我将生命的情怀融入文学,融入文学教育。

以服务的心态面对学生

听任小艾老师的讲座,有一句话深深打动了我:"教师以服务的心态面对学生,一切问题就会迎刃而解。"曾经,我为自己是一个对教育充满热情的教师而欣然自足;曾经,我为学生在自己的严格要求下考上重点大学而沾沾自喜;曾经,我为自己对犯错的学生软硬兼施终使其诚心认错而扬扬得意。扪心自问,作为教育者,我以服务的心态面对学生了吗?其实没有,我恐怕更多是以管理者的身份面对学生。感谢任老师,让我开始审视自己、反省自己。

以服务的心态面对学生,说起来容易,做起来却难。面对学生,怎样确立服务的心态?怎样为学生服务?如何服务才能恰到好处?这些都是摆在我们面前的现实问题。自古以来,我们就有"天地君亲师"的礼制,到现在我们还常说"一日为师,终身为父",这些都把教师放于一个管理者的位置上。教师高高在上,自然有拒人于千里之外的感觉。现在,管理者要主动变为服务者,难度可想而知。

首先,教师要发自内心地认识到"以服务的心态面对学生"的重要性,用理解的爱、信任的爱、平等的爱、包容的爱对待学生,对学生多些民主、多些鼓励,发现和培养学生的兴趣和特长，从而建立民主、平等、和谐的师生关系。同时，我理解任老师提出的"以服务的心态面对学生"并不是唯学生马首是瞻，并不是接受学生的无理要求，而是要我们站得高些、看得远些。学生应确立怎样的人生理想和目标，学生应该安排哪些活动，都需要教师具体筹划。教师只有目标远大、视野开阔，真正为学生服务，才会真正得到学生的喜爱，才会成为学生健康成长的指导者和引路人。

其次，以服务的心态面对学生，教师就要多研究学生的需求，正如商场要千方百计研究顾客的需求一样。时代变了，学生的需求也变了，如果教师一味以几年前甚至十几年前的经验教育学生，就会贻误学生。教师必须躬下身子，多研究学生的差异，多研究学生的变化和需求，才能使自己的工作更适合学生的需要，才能更好地促进学生发展。对此，北京第二实验小学的霍懋征老师的"四个没有"值得我们学习。执教六十载，她从没有对学生发过一次火，从没有因学生犯错而请过一次学生家长，从没有惩罚或变相惩罚过学生，从没有让一个学生掉过队。霍老师真正走进学生，服务于学生，才能有这样惊人的成绩。因此，根据学生的实际情况和实际需求制定适合学生的教育方式，我们才能成为深受学生欢迎的老师。

最后，以服务的心态面对学生，重要的是教师要注重专业发展。教师没有丰厚的知识储备，谈何为学生服务？当今时代，知识更新换代的周期越来越短，每个人都需要不断学习。教师是知识的传播者和创造者，更要不断地用新知识充实自己。只有树立终身学习的意识，辛勤努力，才能成为一眼知识的汩汩清泉，然后运用掌握的知识，结合教学实际，创造出属于自己的教育智慧。我认为，教师只有身体力行，落实好学、思、知、行这四者的结合，学思联系、知行统一，才能真正用自己的知识为学生服务。结合自己的教学实践我还认识到，不断学习、不断发现，会给人带来不断的感动，不断的感动会使我们充满对生活的激情，从而点燃学生求知的热情。

"教师不是雕塑家，却塑造着世界上最珍贵的艺术品。"那就让我们以服务的心态面对学生，用自己独特的教育智慧，塑造世界上最珍贵的艺术品吧！

映阶碧草满春色，隔叶黄鹂鸣好音
——听"从听课评课向观课议课转变"有感

听刘巨泽主任的"从听课评课向观课议课转变"，我收获颇丰，其中印象最深的是刘主任讲的"有效观课"。想起以前听课时，我自信在这个过程中也是认真对待的，只是听得多、看得多，思考得少。刘主任的"有效观课说"，让我开始反思自己，并决心由听课向观课转变。

观课时，观察对象包括教师和学生。以前听课，我往往坐在教室后面，重在观察教师怎样讲、重点讲什么。现在，我刻意往教室中间坐，观察教师怎样讲，也观察学生怎样做，眼前出现了崭新的天地：教师讲的时候学生在做什么，认真听讲的学生与不认真听讲的学生分别在做什么；讨论时，学生是否全员参与，没有参与的学生在做什么；做题时，哪些学生把握了教师分析的重点，哪些学生依然不会做。这一切都尽收眼底，我由此开始反思自己的教学：我该做哪些改进，该引导学生做哪些改进，又该怎样调动全体学生参与每一个环节的热情。观课时，既观察教师，又观察学生，会让我们受益良多。

观课时，判断教学行为背后的想法。听课时，我们往往更

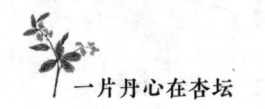

注重教师处理的重点是什么、非重点是如何一掠而过的,哪个地方讲得很精彩、哪个地方还有不足,但很少思考教师为什么会做这些处理、出发点何在。看来,判断教学行为背后的想法应该是观课很重要的一部分,最好在课后与授课教师交流。

观课时,设想自己该如何处理。观课时,不做旁观者,要置身其中,才能扎扎实实地提高自己的教学水平。这一点,相信每位教师都有自己的独到体会。看到精彩的环节,内心忍不住赞叹不已,再联系自己的不足,恨不得立刻把这些都运用到自己的教学中——这一点,相信每一位教师都做到了。看到不足的环节,我们是不是更多只限于慨叹,深入一点也就是告诫自己:我千万不能犯这样的错误。其实我们还应该思考:什么原因造成了这样的不足?这样的不足会产生什么结果?怎样改正授课的这一不足从而提高自己?如果我们真做到这些了,相信我们的教学水平还会突飞猛进。

观课时,要思考议课时需交流什么。这既需要我们捕捉课堂信息、记录细节,发现授课教师的优点,看到其授课的不足,又需要对整堂课有一个高屋建瓴的把握。这样我们才能在评课时切中肯綮,让授课教师有所收获,也让自己有所提高。

想起杜甫的《蜀相》中有这样两句:"映阶碧草自春色,隔叶黄鹂空好音。"今天我们不妨借用一下这句话。如果我们的教师转变观念,像刘主任所说的"由听课向观课转变",那么,我们就既能欣赏到"映阶碧草",又能听到"隔叶黄鹂"的"婉转好音",还能让自己也变为"映阶碧草"中的一抹绿色,拥有"婉转好音"的一只鸟儿。如果能够做到"映阶碧草满春色,隔叶黄鹂鸣好音",那我们的课堂教学就真正活起来了。

欲穷千里目，更上一层楼
——泰安会议作文提升之感悟

2014年3月14日至16日，我们在教研员的带领下参加了在泰安举办的2014年山东语文备考研讨与信息交流会。会上，专家们解读了今年高考的变化（名句名篇默写给出了具体考查范围；取消选做题，变"选做"为"选考"），分享了诗歌、散文、作文备考策略。学习后，我感悟最深的是，作文要在提升方面下功夫。

高考阅卷要求是：基础等级40分（符合题意，符合文体要求，感情真挚、思想健康、内容充实、中心明确，语言通顺、结构完整，标点正确、不写错别字）；发展等级20分（深刻——透过现象深入本质，揭示事物内在的联系，观点具有启发作用；丰富——材料丰富，论据充实，形象丰满，意境深远；有文采——用词贴切，句式灵活，善于运用修辞手法，文句有表现力；有创新——见解新颖，材料新鲜，构思新巧，推理想象有独到之处，有个性色彩）。高三现阶段的学生，基本都能得到基础等级的40分，所以要在发展等级上下功夫。那么，怎样在发展等级上下功夫呢？下面我们具体探讨议论文如何达到"丰富"这一发展等级。

一、要在详例的丰富方面下功夫

所谓详例，是指阐述观点、分析论证时用作事实论据的富有代表性而又较为具体的事例。它从深度方面说明问题，使论据更直观、形象，论证更有力。下面举例说明：

钱锺书毕业于清华大学外文系，在欧洲留学三年。他不愿趋时，不求闻达，他的辉煌巨著《管锥编》极大地震动了学术界。钱锺书超强的记忆力，学贯中西古今的博学，滔滔不绝的口才，风趣、睿智、淡泊宁静、毁誉不惊的人格，使其更富传奇色彩。<u>所有成就的取得，源于他的专注，摒弃浮华，执着己心</u>。有外国记者如是说："来到中国，有两个愿望：一是看万里长城，二是见见钱锺书。"外国人把他看成中国文化的象征。

——《心要在焉》

详例论据丰富的第一步，要集中有效地证明观点。材料中提到了钱锺书的学术成就、超强的记忆力、广博的学识，还有外国记者的仰慕等，这些都不重要，因为题目要求我们写"心要在焉"，所以最重要的是材料中的一句话，"所有成就的取得，源于他的专注，摒弃浮华，执着己心"，抓取这一重心进行写作，才能集中有效地证明观点。论据的准确是丰富的前提，叙例要定向集中，科学剪裁与合理取舍相结合，多聚焦，少枝蔓，凸显论证的精度与准度。

详例论据丰富的第二步，要适当挖掘增补，让论据"活"起来。方法之一是借助想象，还原情态，加入细节描写，运用生动形象的语言,使论据更为饱满鲜活、有情有意;方法之二就是结合论据,进行合理的想象,添加具体的场景,增强感染力,增加意蕴。举例来说,一篇以"心有准备"为话题的作文论证如下:

穿越历史的烟云,勾践发出一声呐喊:"三千越甲可吞吴否?"在徒有四壁的小屋里,他踌躇徘徊,他卧薪尝胆。他经过长期准备,使国力日益强大,士兵个个斗志昂扬,最后一举灭吴。正因为勾践做好了充分准备,养精蓄锐,才最终取得胜利!心有准备,才能离成功更近!

丰富后如下:

穿越历史的烟云,勾践发出一声呐喊:"三千越甲可吞吴否?"在徒有四壁的小屋里,他踌躇徘徊,他卧薪尝胆。<u>他对外继续讨好吴王,屈尊示弱;对内休养生息,充实府库,开垦田畴,缓刑薄罚,减省赋税,富国强兵,并鼓励增加人口以增强国力。</u>他经过长期准备,使国力日益强大,士兵个个斗志昂扬,最后一举灭吴。正因为勾践做好了充分准备,养精蓄锐,才最终取得胜利!心有准备,才能离成功更近!

挖掘增补时需要注意,不宜过详,应凸显议论文文体特征。此外还要符合逻辑,适当点染,不可违背事实,任意编造。

详例论据丰富的第三步,论证要充分,分析要提升深化。可综合运用多种分析方法:因果、假设、意义、实质。运用论证方法提升论证深度时,因果分析是主体,要深入追问。对比分析、假设分析是拓展思维深度的辅助工具。同时，分析时要注意表达方式的综合运用和句式的合理安排，叙议结合，整散结合，排比句式。例如：

晚年的牛顿在解释不了部分天体运动时，断然认为存在上帝的第一推力推动着天体的运动。当被质疑时，牛顿还是一味坚信自己的荒谬理论。<u>诚然，牛顿定律使人类进步了一大步，但这些辉煌都只属于早年的牛顿，晚年的牛顿不屑于改变自己，最终收获全无。故步自封，执着己念，一位名满天下的大科学家，竟为"伪科学"助威呐喊，何其荒唐！如果牛顿愿意在听取别人意见的基础上改变自己，或许他的辉煌将被续写得更加久远。</u>

——《听取意见　改变自己》

此例先摆出现象，用"诚然"引出对其正确一面的肯定，用"但是"引出对其不正确一面的否定，结合论点，探寻原因。用"如果"引出做法，辩证分析，步步深入，论据自然就丰富了。

单则详例的丰富过程，要集中叙例，达到"精当"的目的；挖掘增补，达到"饱满"的效果；叙议结合，力求"深厚"。

二、要在简例的丰富方面下功夫

所谓简例，即叙例的文字简约，句式整齐，点到为止，因而又称为"排例""概例"。巧用简例，能使材料丰富，文采斐然。

让简例变得丰富，可以围绕观点，发散思维，从正（反）面展现相同性质的材料，选择时依据不同分类标准，进行时间、空间、不同领域、不同身份的同类或交叉组合。例如：

贝多芬甩开了尘世的喧嚣，在音乐的国度里尽情跳跃；居里夫人抛弃了名利的纷扰，在科学的世界中迈出了更深远的步伐；陶渊明忘却了世俗的黑暗，在自由的南山中悠然采菊……他们在人生路上轻松徜徉，嗅着人间的芬芳。而别里科夫被世俗束缚在了袋里，葛朗台被金钱拖至了死神的身边，他们没有全力轻松地奔跑，最终被卷入世俗的浊流之中……

——《忘却世俗 轻松奔跑》

让简例变得丰富，还可以多项组合，细化论点或分论点，从不同的角度选择。例如：

屈原的生命感慨哀伤，为国家负重成为他毕生的追求；司马迁的生命曲折悲惨，为历史负重成为他永恒的向往；陶渊明的生命恬静闲适，为清高负重成为他崇高的境界；王安石的生命坎坷悲壮，为改革负重成为他报国的途径；周树人的生命凄苦沧桑，为人民负重成为他写作的动力……

——《负重》

让简例变得丰富，还可以综合选用多种呈现方式，集名言、诗句、整散、事例组合于一体。例如：

汉字，你是华夏精神的方舟。从首阳山到司马迁的蚕室，从汨罗江到大漠北海边，从韩愈马前横去的秦岭到苏轼惊涛拍岸的赤壁，从岳将军的铁骑到李易安的毫端，从"我自横刀向天笑，去留肝胆两昆仑"到"面壁十年图破壁，难酬蹈海亦英雄"，热爱国家是你的筋骨，不屈不挠是你的血肉，正直不阿是你的心跳，宽宏仁和是你的呼吸！"在齐太史简，在晋董狐笔"，在我的骨髓，在我的血脉，你就在那里深深地烙下了你的灵魂之印！

——《我始终执着地守着你》

  多则简例的丰富，要抓主干，去枝叶，选角度；不牵强，不堆砌，井然有序；句式力求整齐，语言有力。

  议论文要达到丰富的效果，详例与简例宜多维组合，不宜单向重复。详例与简例要点面互补，把定点挖掘和横向拓展、深度与广度结合起来。把详例向纵深开掘，在点上细化；把简例向横向拓展，简略处理，达到面的广度。相信经过议论文丰富性的提升训练，高考作文中，学生会在保证基础等级得分的情况下，进一步在发展等级上提升分数。

外柔内刚酝教育方法，
心态平和酿幸福人生

新年伊始，学校组织全体教职工大会，安排部署新学年工作。会上，巩怀安主任、赵庆玲老师的报告深深吸引了我，我由此反思自己的教学。

巩怀安主任以在临沂的学习感悟为主，广征博引，并结合自身经验，深入浅出，总结并解读外柔内刚的教育方法。他认为，"柔"是包容和善，"外柔"是尊重学生、理解学生、关爱学生的外在表现；"刚"则是坚定的原则和底线，"内刚"是教育学生不可改变的内心坚守，是晓其以理、导其以行的指导原则。本着"外柔内刚"这一教育方法，巩主任肯定了"晓之以理，动之以情，导之以行"的做法，但提倡老师们推陈出新，为我所用，调整顺序，先"动之以情"，即为柔，再"晓之以理，导之以行"，即为刚。创新思维，外柔内刚，用自己的大智慧播洒生命阳光。

赵庆玲老师年前赴加拿大参加了山东省教育厅组织的45天海外研修，她主要讲了这次研修的经历及参加此次研修的感悟。海外老师们的精彩课堂、教学点滴及先进的教育理念，在赵老师的娓娓述说中,于我们的眼前一一展现,深深触动了每一位听众。"我坚信,每一种经历都能丰富我们的人生。"赵老师的话在耳边延续,"只要给孩子足够的支持,所有的孩子都能成功。"

是啊,每一个学生都有自己的优点,每天给他们一个鼓励的眼神、一个肯定的微笑,给他们足够的支持,他们都能成功。我扪心自问,自己作为教师,做到这些了吗?不可否认,有时候,我们也想努力做到这些,但更多时候,当学生犯错时,无奈、烦躁、伤心占据了我们的内心,我们更多运用"晓之以理"的"外刚"方式,甚至把消极的情绪带给学生。此时,我们就会忽视学生的优点。如果学生犯错时,我们首先想到的是"动之以情",不扩大他的错误,而是肯定他的优点,学生就会很容易接受我们,接下来的"晓之以理"也就能顺理成章地被学生接受了。就像苏霍姆林斯基的理念所说,如果教师的聪明才智"深化"到培养每个学生"创造性的能力"上来,如果教师善于激励学生投入创造性能力的竞赛,那么,学校里将不会有一个平庸的学生,理所当然地,生活中也将不会有一个不幸的人。

每一个教师都要把心态放平和,接受认可自己的职业并以自己的职业为荣,在追求教师荣光的路途中,"衣带渐宽终不悔",最终创造自己的幸福人生。

心若在，梦就在

这个夏天分外炎热。太阳炙烤着大地，空气中的热浪迎面而来，仿佛是在故意炫耀它的强大，但这份炎热却没有挡住我们远程研修的热情。我们每天都集中学习，随着视频观赏一节节课例，细心聆听专家精彩的分析，欣赏一篇篇老师们精心写作的文章，我深感受益良多。

在这紧张而有序的十天中，通过观看教学实录片段，我对教育教学工作，特别是中学语文教学有了更深的认识，教学思路开阔了很多。课堂中的小组合作学习、课后的教学反思、备课中的多角度思考，等等，都让我受到了很多启发。网络让我们得以跨越时空与名师及同行对话，我也在思考：如何更加深入地开展教学？如何在课堂上与学生、与文本进行对话？如何与时俱进地掌握教育教学的技巧及评课？在培训中，我深感自己的差距与不足。作为一名教师，我深知只有不断充实自己，扩大自己的视野，在课堂教学中才能游刃有余。我们应该像那些名师一样，做一个"大气"的教师，不仅要教给学生课本上的知识，还应教学生学会科学学习、主动探索，这才是我们要追求的语文教学价值。

在这紧张而有序的十天中，通过聆听专家的分析，我从不同角度体会到了什么才是有深度的讲解，明白了自己该怎样去分析文本，增长教学本领，也明白了教学需要教师不断创新。特别是当代的新课程教育理念为教师提供了更为广阔的发展空间，同时对我们提出了更高的要求，我们更需要有创新的思想和创新的理论。专家的分析使我深深体会到：学生是一切教学的起点，也是一切教学的归宿，学生探索求知的过程要比获得单纯的答案重要得多。这一点绝对不能仅停留在理论上，实践永远比理论更重要。

在这紧张而有序的十天中，我欣赏到了同行们精心写作的文章，篇篇都是实践的总结，我从中学到了很多教育教学的方法。在看班级简报的时候，也体会到了老师们学习的热情，从中感受到很多有价值的新观点，也领略到了很多老师的风采。有这么多老师走上远程教育这个交流的平台，共同探讨语文教学的现状与未来，让我看到了素质教育的希望。虽然因为身体原因，我仅做了六次作业，但是做每次作业我都精心准备、用心总结，力争把自己独到的教学经验展示出来，供同仁探讨；同时及时把自己的困惑提出来，得到了很多有经验的老师们的帮助。做作业的过程，更锻炼了我的思考能力和表达能力。夏日炎炎，有这样一群热情的人在集中学习自己的专业知识，在为了新课改的实施而努力，真是一件很有意义的事情。

在以后的教学中，我要将此次培训学到的新理念、新方法主动运用到教学中，指导自己的教学实践。感谢这次培训的组织者，感谢两位指导老师的辛勤工作，感谢所有为高中语文教学而努力的人们。

心若在，梦就在，让我们携手同行，共创高中语文课程教学的美好未来。让我们一起超越梦想！

凝视生活，润泽心灵
——"全国阅读与写作研讨会"学习总结

作家曹文轩说，"未经凝视的生活是毫无意义的"。凝视生活，我们才会听到初春小草的欢呼，感受到暮秋落叶的深情；凝视生活，我们才能体悟到光鲜亮丽背后日积月累的勤奋与付出，才能关注到平凡普通背后日复一日的奉献与坚持；凝视生活，才会融入生活，让生活中的美慢慢润泽心灵，继而涌出写作生活的热情。

教师要凝视文本与学生

特级教师程翔说："语文教学不能绕行考试，也不能屈就考试。"因为语文教学是欣赏祖国语言文字之美的课堂，是审美的课堂。教师要凝视文本，优秀的文本是滋养青少年成长的最佳精神食粮。冯巩在小品里说"我想死你们了"是口语，这个意思在李商隐的笔下就变成了"春蚕到死丝方尽，蜡炬成灰泪始干"；平时我们说"愁死我了"，李煜则在叹息中吟诵出"问君能有几多愁，恰似一江春水向东流"。钱梦龙老先生在八十七岁高龄讲《愚公移山》时问学生："孩子们，你们猜猜我今年几岁了?"学生们七嘴八舌地猜测后,老先生神秘地说:"老师的年龄,就在我们今天要学习的这篇文章中,你们找到了吗?"学生们一下子就找到了"年且九十"。"且"是将近的意思,哦,原来老师的年龄是八十多岁,学生们一下子就记住了"且"的意思。这就是语言文字的魅力。如果教师只关注考试,只告诉学生"且"是一个重要的知识点,必须记住,学生能有这么深刻的体悟吗?语言文字的魅力,需要教师先走进文本、深入凝视文本,感受出语言文字的独特魅力,才能用这种魅力感染学生,进而让学生追求文本的情感与审美的价值。正如《琵琶行》,作者白居易全文没有一个字体现自己卓越的才华和遭受的打击,但是通过琵琶女的遭遇和她高超的弹奏技艺,我们分明读出了作者自己的经历,作者与琵琶女完整地构成了一个艺术整体。所以程翔老师总结说:"语文教师,要长一双研究语文的眼睛。"

  语文教师不仅要凝视文本,更要凝视学生。语文教学不是为了展示老师的才华,而是为了学生的发展和提高。教学的过程中,尽管老师也能得到发展和提高,但最终还是要落实到学生的发展和提高上。凝视学生,教师才会警惕"过度教育",防止"教育异化",认识到尊重学生的身体健康、尊重学生的人格尊严、尊重学生的个性差异,是教师不能逾越的底线。而语文教师更要在这三条底线的基础上凝视学生,培养学生热爱母语的感情,引导他们以敬畏的态度写好每一个汉字;培养学生具有良好的语文素养,促进学生审美能力的发展;关注与培养每一个具有不同个性的学生,使他们能够做到于漪老师所说的"出口成章,下笔成文,就是语文学得好"。

教师要教会学生凝视世界

特级教师肖培东说:"凝视这个世界,其实是引导学生去观察世界。"语文是一个慢活,是在世界的兜兜转转中打磨提升起来的,教会学生凝视这个世界,才能让学生发现这个世界正在消失的、已经消失的或即将消失的东西,然后用文字留住这些美好的东西。飒飒秋风吹起,片片金黄的叶子随风飘落,金黄铺满大地,凝视凋落的树叶,教师要引导学生:"你能想到些什么呢?"或许是由叶子想到了人生的哲理:我们每个人来到世间,都像一片叶子,完成自己生命的历程;叶落归根,故乡才是我们永久的精神家园;每一个看似凋零的生命,曾经都有一场繁华,所以不可以以貌取人。一片凋零的落叶也可能引发我们的回忆,让我们想起过去的故事、曾经的情感。落叶也可以与生活联系在一起,反映时代的发展、生活的变迁、城乡的对比、今昔的思考、当下的心态,等等。落叶还能体现一种文化,历史、美学、诗词、名人,等等。凝视一片落叶,我们可以一叶知秋,一叶追忆,一叶看今,一叶悟理,一叶思辨……一叶一世界,叶叶皆关联。这个世界给我们提供了丰富的养料,引导学生养成凝视这个世界的习惯,才能丰富他们的人生,装点他们的积累。

凝视才有真情

特级教师赵谦翔说:"只有凝视,才有真情实感。坚决不能让学生写漂亮的假话。"教师要老老实实教会学生凝视经典,深入阅读。以《逍遥游》为例,教师在深入阅读后,再引导学生深入阅读,可以向学生提出问题:"读了全文,你觉得哪个字能串起全篇?"学生只有在认真阅读文本并进行深入思考后,才能回答出这个问题。无论回答"游"还是"笑",抑或"辩",都要从文本中找出依据,这就像确定一篇议论文的论点,要找到充足的论据来证明自己的论点。学生在深入阅读的过程中,提升的是逻辑思维能力、辩证分析能力、语言表达能力。语文课堂可以走得慢一些,让学生学会凝视文本,在深入的过程中学有所得、学有所获。语文教师不仅要教会学生凝视经典,还要教会学生凝视生活。用眼睛观察生活,才能用心灵感受生活,作文才能百花齐放。

每个学生都有真实的生活经历,而生活又是丰富多彩的,一事一情,皆可入文。早上母亲不厌其烦的叮咛,在学校生活、学习时遇到的不同问题,这些都可以触动心灵,从而写成作文。赵老师表示,老师教会学生做人,学生写出的具有真情实感的作文,就可以被称为"绿色作文"。

凝视生活,润泽心灵,生命就会永远年轻。岁月只能雕琢出一个人的厚重,却永远不会浇灭一个人的激情。

文学使我们温暖
——听取专家报告有感

有这样一个故事。一位富人走向街头的流浪者,问他需要什么帮助,流浪者说:"请你让开,你挡住我的阳光了。"一缕阳光能让我们的身体享受到舒适与惬意,而文学正如同这一缕阳光带来的温暖,让我们面临任何困境都不会丧失怡然自得的心境。2015年8月26日—27日,听取了莒县教研培训中心组织的创建"文学教育特色县"暨全国校园文学研究莒县实验基地启动与培训大会上的专家报告,我深有感触。

高尔基说:"文学使思想充满肉和血,它比哲学或科学更能给予思想以巨大的明确性和说明性。"一段简短的文字,可能蕴含深刻的哲理,从而引人深思;一个小小的故事,往往能够打动人心,让人读过之后回味无穷。文学胜过千篇一律的说教,多接触文学,久而久之就会对自己产生更加清晰的认识,从而不断完善自己,让自己的精神世界得到更高层次的飞跃,让平凡的生命活出不平凡的姿态。

记得那年秋天去北京香山,看到红红的枫叶中间掺着黄的、绿的叶子,它们错落有致、色彩炫目,就像画家笔下五彩缤纷的颜料。走在一树一树的缤纷中,我不禁陶醉了。"停车坐爱枫林晚，霜叶红于二月花。"杜牧的这句诗像深藏在记忆中的一首歌，我一按下循环播放键，它就在我的脑中反复吟诵。那感觉，就像品一杯香茗，从嘴里到心里，都是香与甜。我想，这就是文学吧，人生有千种滋味，文学便有千种风情。

文学可以内化为一种文化，而文化又体现在一个人如何对待他人、对待自己、对待自己所处的自然环境上。在一个文化厚实深沉的社会里，人懂得尊重自己——他不苟且，因为不苟且所以有品位；人懂得尊重别人——他不霸道，因为不霸道所以有道德；人懂得尊重自然——他不掠夺，因为不掠夺所以有永续的智能。你的举手投足，你的一颦一笑，都体现着你的修养和气质。你走过一棵树，树枝低垂，你是随手把树枝折断、丢弃，还是弯身而过？一位盲人和你并肩路口，绿灯亮了，你会搀那盲人一把，还是擦身而过？当看到水龙头的水哗哗流淌时，你是顺手把它关上，还是任它流淌？当发现走廊上的废纸时，你是弯腰捡起，还是任它存在？当艳阳高照，教室里的灯还亮着时，你是随手把灯关掉，还是让它继续亮着？文学的高雅，在于它引领着人们思考如何对待自己，如何对待他人，如何对待周围的环境。

作为一名教师，文学的积淀让我懂得放缓飞快的语文教学速度，学着放慢语文学习的脚步。不仅慢在诗中，也慢在文中。慢慢品读《哦，香雪》，读出追求，悟出艰辛；慢慢品读《傅雷家书》，读出教导，悟出感恩；慢慢品读《红楼梦》，读出世态，悟出恬淡……让语文课堂慢下来，认真吟诵，使一片片天光云影尽收眼底，一股股清泉细流滋润心田。

吴思敬会长说："当你热爱文字时，不如低头去写作。当写作达到了一个巅峰阶段时,你就会实现自我价值,会感受到文学对社会发展的促进,你就会更加热爱文化、热爱生活。"文学就是这种温暖的力量,它如一缕阳光,使我们身心愉悦,又让我们把这份愉悦与温暖传递下去。

新时代下的孔孟思想解读

从小吟诵着孔子"知之为知之,不知为不知,是知也"的名言,后来读于丹的《论语心得》,有所感悟而写作《走近孔子》一文,及至读了杨书案的长篇历史小说《孔子》,我始终非常欣赏孔子对自己的评价:"其为人也,发愤忘食,乐以忘忧,不知老之将至云尔。"记得讲课时,我跟学生讲:"高考考孔子语录,如果不考这句孔子对自己的评价,那就不叫考孔子语录。"结果有一年高考名句中真的考到了这一句,学生们对我佩服不已,我也很自以为是,以为自己读懂了孔子。

我永远也忘不了2015年3月22日、23日这两天。听了台湾的段心仪老师与庄湘芬老师的报告,我突然觉得自己对孔孟的理解,与两位老师对孔孟博大思想的解读相比,简直肤浅到尘埃里。两位老师对孔孟的解读,不是站在高高的云端,而是挖掘孔孟思想中的人性,让它贴近我们的生活。在两位老师的解读中,孔子走入平凡的人间,他就像我们身边一位慈祥的长者,时时纯净、温润着我们的心灵,引导着我们向着君子的高度迈进。

曾经,我把孔子的中心思想"仁"解读为"忠君爱民"。固然,每一个统治者都必须懂得"民为本"的重要性。"水能载舟，亦能覆舟。"爱护人民，国家才能长治久安。但是每每读及《岳飞传》时，我却看到一个驰骋沙场、战功赫赫的大将，顷刻间以莫须有的罪名被杀害。一名将士，没有死在保家卫国的战场上，却死在了自己愚忠的国君的屠刀之下，该是何等悲哀！这都是孔子的"忠君"思想惹的祸，如此看来，"忠君"实在是糟粕。

但是，在段心仪老师的娓娓解读中，我明白了自己解读的错误。我们应该回归原典，重现孔孟以人为本真的精神。"忠君爱民"只是人们站在统治者角度做出的解读，而不是对"仁"的真正解读。孔子的核心思想"仁"应该体现在两点，即"忠"与"恕"。"忠"即尽己之心，尽心尽力去做，忠于国家，忠于自己，忠于朋友，忠于要做的每一件事；"恕"即推己及人，"己所欲者亦施于人"，"己所不欲，勿施于人"，要有悲悯的情怀，将心比心，体谅别人。向着这两点迈进，也就是向着君子的高度迈进。

这样看来，君子是一个清晰的生命坐标，是我们人生当中高悬的目标。对自己，忠于自己的本职工作，兢兢业业做好每一件事。就像祖籍山东的台湾人孙运璿，临危受命时，广开言路，礼贤下士，克服万难，最终完成使命。对别人，要将心比心，己欲立而立人，己欲达而达人。就像范仲淹，他少年时家贫而好学，等到官至宰相，拥有了丰厚的收入，仍身穿粗布衣服，节俭度日，用节省下来的钱购买义田、兴办义学，"亲而贫者"或"疏而贤者"都可以入义学读书。范仲淹懂得那些人家贫却想求学的心，懂得推己及人，当时他兴办的"苏州府学"历经岁月的考验，成为现在的"苏州中学"。范仲淹这

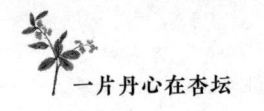

位君子，也永远活在苏州人民的心中。

　　生活中，我们并不一定要像孙运璇或范仲淹，我们只要能够对自己尽"忠"，踏踏实实做好每一件事，对他人以"恕"，推己及人，体谅他人，保持心灵淡定宁静，每一个人都能成为君子。

文学是教育的颜色
——参加第五届校园会有感

因为一场文学的盛宴，我得以来到大唐之都——西安。深秋的西安，又添冷雨，它不但丝毫没有"无边落木萧萧下"的悲凉，反而更添一份厚重。

悠久的历史与厚重的文化使古城西安如同一个睿智的长者，它历经盛世巅峰的荣华，又饱经王朝覆灭的沧桑。它满腹经纶又洞察时务，微笑着迎接每一位来宾，举手投足间尽展儒雅与大气。此时，我只想停下前行的脚步，静静感受，慢慢聆听。眼前，画面徐徐展开，那才华横溢的诗人高吟着"仰天大笑出门去，我辈岂是蓬蒿人"昂然而来；那一骑红尘如风驰过，多情的妃子，笑靥如花绽开。耳边，霓裳羽衣正欢，渔阳鼙鼓却忽然惊天动地而来……

心正在这个古老的城市畅游，耳边传来了同行者马君的提醒："到了。"果然，眼前"陕西省西安中学"七个大字在雨的清洗下更显亮丽，电子显示屏上闪耀着扣人心弦的一句话：教育使我们富有，文学使我们高贵。我的心，一下子就贴近了这届校园文学会。

本届校园文学会内容丰富，包括校园文学研究名家专场论坛、全国校园文学成果展览会、"校园文学与文化强校"校长专场论坛、校园文学指导名师专场论坛、文学课堂专场论坛、文学课堂展评示范课等。多姿多彩的活动让我收获良多，其中，我印象最深的是江苏省淮北中学王为军校长的发言。他谈到高度重视校园文学是校长的使命，因为他坚信文化的育人功能。人必须选择一种生活，从而高贵地生活下去。他说，我愿意与学生们一起选择文学，让学生时时刻刻感受书香的濡染。淮北中学每年都会组织插花活动，每个班的学生选择一个要表现的主题，再选取需要的各种鲜花、树枝、碧草甚至狗尾巴草进行艺术组合，然后进行全校评比。学生们在插花的过程中享受到美的陶冶，在陈述主题的过程中感受到文字的魅力。这种做法，使学生愿意在一切美好面前驻足停留。王校长说，教育应该是对学生情感与理性的共同培育，教育就应该让人对他人、对世界持有悲悯的情怀，既有对弱者的同情，又有对崇高的向往。

　　想起看过的一篇文章，题目叫"水是花朵的颜色"，文中说，清澈的水能浇灌出花朵丰盛的姿色，失去了水分的花朵便会变得枯黄。水是花朵的颜色，那么，文学便应该是教育的颜色。失去了文学的教育，也是单调的、荒芜的。

　　让文学之水蓄满芳香，教育就少了说教与枯燥，多了灵动与价值。如此，教育永远芳香迷人。

温暖的人性之美

　　一方静静的水塘中，一朵莲花羞涩地笑着。它悄悄展开的迷人笑颜吸引了形色各异的小鱼儿，它们盘桓在这朵莲花周围，嗅吮着芳香，体味着快乐，沉醉于温暖之中，久久不愿离去。

　　讲授《最后的常春藤叶》的许老师就像这朵莲花，以自己独特的魅力吸引着学生们。她的温暖引导，她的迷人微笑，也征服了每一位观摩的老师。

　　教育的使命是让每一个学生感受美、热爱美、创造美，许老师做到了。此文可讲的角度有很多，如善写小人物、注重情节的巧合、结局出奇、善用幽默手法等，但是许老师唯独选了贝尔曼的形象作为重点，引导学生深入分析：从他给读者最初的印象——暴躁、喜欢喝酒、说大话，渐渐走近他、发现他的优点——关心别人、直率、温情，等到深入了解他、看到他的杰作，又会发现他的了不起之处，认识到他的崇高，从而不由自主地对他产生深深的尊敬之情。从对贝尔曼的不喜欢，到发现他的可爱之处，再到领悟他的可亲可敬，通过对贝尔曼这一人物形象的分析，许老师引导学生得出这样的结论：当自己的生命遭遇危险时，要学会珍惜生命、热爱生命；当别人的生命

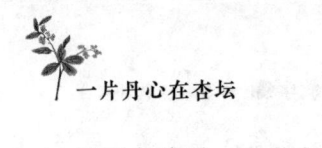

遭遇危险时，要学会挺身而出、援手相助。只有这样，才能享受人间生活的温情与美好。

我喜欢这样温暖的语文课堂，喜欢这样充满人性美的课堂，喜欢许老师温暖而迷人的微笑。作为语文老师，我们就应该像许老师一样，把浓郁的人性美带入课堂，用人性美的涓涓细流灌溉学生的心田，唤起学生对真善美的追求，从而完成对其健全人格的培养。

人到无求品自高

十五年前，大学毕业的我来到安庄中学，跟随当时的教研组长孙家三老师开始了我的教学生涯。孙老师以高尚的人品、渊博的学识引领着我，成为我前行路上的明灯。记得有一次，我跟孙老师谈起《诗经·小雅》，我说"高山仰止，景行行止"最能表达我们这些后辈对他的敬仰之情，"虽不能至，心向往之"。孙老师谦虚地说自己没有这么高大，然后送给我一句令我至今难忘的话："不见高山莫仰止，已是景行请行之。"这既是他对后辈的鼓励，又是他对自己的勉励。胸襟开阔至此，令我叹服不已。

前几日，孙老师来电，言及日照市教研室李祥良老师及几位志同道合的同仁相约去库山乡探望一位教育界前辈，问我是否有空同行，我当然求之不得。路上，我得知这位前辈就是孙老师刚从教时的教研组长朱全来老师，现已七十二岁高龄。"朱老师擅长书法，人又和气，"李老师笑着说，"你的孩子不是练书法吗？可以为孩子求一幅朱老师的墨宝。"既是我一直仰慕的孙老师的前辈，又得到李老师这么高的评价，他该是怎样的高人呢？汽车带着我急切想见到朱老师的心情，一路向前。

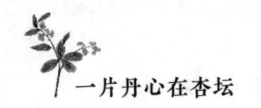

蒙蒙细雨浥去一身轻尘,当泥土的清香扑面而来时,首先映入眼帘的是一副清新隽永而又温暖亲切的对联:扫径迎三益,垂帘远四非。杜子美在《客至》中说:"花径不曾缘客扫,蓬门今始为君开。"老先生却是洒扫好庭院,欢迎朋友们来访。孔子曰:"益者三友,损者三友。友直,友谅,友多闻,益矣。"看来,老先生只欢迎正直的朋友,真诚可信赖的朋友,博学且见多识广的朋友。不知道今日的冒昧到访是否能得到先生欢迎,我的内心不禁忐忑。

推门而入,虽无暗香盈袖,但见鸡冠花傲然挺立,如同黄山的迎客松。未及细赏,主人已迎上前来。微笑而饱含真情,内敛而不张扬,平和而不失优雅,老先生的气度一下子震撼了我,以至于谈笑多时,我始终不敢提及求取墨宝一事。在李老师的鼓励下,我终于鼓足勇气谈到想要为女儿求取一幅墨宝,没想到老先生爽快应允。

饭毕,老先生徐徐取出宣纸,沉思良久,说:"孩子正在上学,我给她写'见贤思齐'四个字,你看可以吗?"我连连点头。见贤思齐,每天进步,这不正是所有家长的心愿吗?老先生真是洞悉世情。饱蘸浓墨,一气呵成,写完后,老先生认真瞅了瞅,自言自语般,又像征询我的意见,说:"下面有点空,我再加行小字吧。"我自然求之不得。老先生换上小号毛笔,工工整整写下——孔子曰:"见贤思齐,见不贤而内自省也。"然后又用手指着小字认真读了一遍,惭愧地说:"漏了一个'焉'字,应该是'见贤思齐焉'。唉,年纪大了,总是丢三落四的。"我们连连安慰他说,一个虚词,不影响理解的,何况还是小字里的内容,老先生这才停止自责。后来,老先生又特意找了幅小字送给我,说:"给孩子看看吧!"

落了款后,老先生又郑重地盖上一个章,细看去,竟是"一块砖"三字。我笑问老先生:"这三字可有什么出处?"老先生谦和地说:"出处倒没有,但我用这三个字有三层意思:一是别人让我给写几个字,总说'求幅墨宝',我觉得自己的字不是什么宝,也就是块普通的砖罢了;二是有个成语叫'抛砖引玉',我自己的字就是'砖',我希望抛出自己的'砖',引来朋友们的'玉',共同交流进步吧;三是虽然我年纪大了,但还是希望自己这块'砖'能为文化事业增砖添瓦!"

听了老先生的一席话,我突然想起了清代纪晓岚的老师陈伯崖写的一副对联:事能知足心常泰,人到无求品自高。老先生就已达到这种境界了吧!

直如朱丝绳，清如玉壶冰

读鲍照的诗歌，读到"直如朱丝绳，清如玉壶冰"一句，眼前立刻浮现出一个温婉高雅、清爽坚忍的女子。

她习惯用恬淡的微笑影响身边的每一个人，习惯用美好的言行待人接物，甚至习惯把自律投入到每一个细节中。课堂上，她带着一种与生俱来的从容和优雅，其流畅的英语表达仿佛一束光，投射到每一个人的心中。办公室里，她沉浸于备课的背影，她整理优秀范文时敲击键盘的清脆声，常常让我肃然起敬。

她，就是莒县第二中学的于秀娟老师。

每每谈到奉献，校长就会把我和于老师并列举例，但是比起于老师，我常自惭形秽。记得2022年高考前夕，恰逢新型冠状病毒肆虐，高三学生封校学习势在必行。尽管每位教师都有或多或少的家庭困难，但全校高三教师都愿意坚守工作岗位。于老师的情况尤其特殊，她的公公婆婆身体不好，已经由她和丈夫照顾多年。那段时间，于老师的丈夫身为医生，必须二十四小时坚守医院，而于老师的学生眼看还有八十余天就要高考。封校在即，她必须做出抉择。万般无奈之下，于老师向年迈的母亲求助，老母亲二话不说，搬到女儿家中，代替女儿女婿照顾两位亲家，只为让孩子心无牵挂地投入工作。于老师与她高尚的老母亲，用自己的善良与奉献，谱写了一曲感人肺腑的人间赞歌。

距离2023年高考还有二十多天的时候，因为工作安排，于老师需要去济南一段时间，还特意选择学生模拟测试的时间离开。学校考虑到高三学生的课程紧张，也提前安排了其他老师为于老师代课。模拟测试开始两天后，因为需要讲评试卷，我早早来到学校，竟然发现那个熟悉的备课背影又默默地出现了。我惊讶地问："于老师，你怎么又回来了？"她回答："我搭车赶回来的。今天不是要讲评试卷吗，还有几天就高考了，如果因为我影响了学生的成绩，那我就是罪人啊！"于老师的话深深震撼了我，我突然觉得，眼前这个瘦弱的身影如此高大。

上了两天课，就是周末了。办公室里，于老师正在跟班主任商量着什么，我没在意，正投入在备课中时，又听到于老师果断地说："不能跟语文老师调课。还是跟数学老师调吧，我晚走一会儿。"原来，于老师明天还要去济南，她本想早走一会儿，而她的课是下午最后两节，她坚持要上完课再走。周六早读是语文，第一、二节课也是语文。按原安排，我上完这两节课就能回家陪孩子了，于老师担心跟我调课就会导致我上完早读后下午还要来学校上班，时间都浪费在来回的路上了。我埋怨她说："济南那么远，你早去一会儿更重要啊，不用担心我的时间。"于老师坚决不同意："你孩子小，更需要照顾。过个周末不容易，你家离得远，一天往学校跑两次，你就没多少时间陪孩子了。"这就是善良的于老师啊，她总是事事为别人着想，就是没有想到自己。我说："我明天上午正好有点事，我还正为难呢！咱们把课调了，双方都方便。""哦，如果这样，我就先上你的第一、二节课，我也能早走一会儿了。"她的笑容中带着对我能够接受调课的感动，还有一丝掩饰不住的疲惫。我的心被扯出了一丝痛。这个平时连说话都不会大声的温婉女子，为了工作和家庭无私奉献，关心同事，唯独把自己的需求放到尘埃之中。她的崇高，不是轰轰烈烈，而是隐藏在点点滴滴的善意中，温暖着身边的每一个人。

作家白落梅说："世间所有的相遇，都是久别重逢。"与于老师的相遇，仿佛是一种神奇的安排，让我感受到一种崇高力量的引领，让我常常审视自己的不足并不断进步。张爱玲说："你的气质里藏着你走过的路，读过的书以及你爱过的人。"我想，如果我有气质，那一定也有于老师的崇高引领吧！

走近名师

仰慕单东升老师（特级教师、山东省骨干班主任，获全国课堂教学比赛一等奖、山东省优质课一等奖等）已久，几次见到单老师，总是看到他被众星捧月般围住，我只能远远地仰视。他温和的微笑、悦耳的声音、举手投足间的儒雅，都深深地吸引着我。走近单老师，聆听单老师的教诲，我心向往之。

临沂一行，我终于与同行的王老师一起鼓足勇气，提出想与单老师合影的请求。没想到单老师立刻微笑着转头，专注地看着我们，待听清我们的要求后，没有丝毫犹豫就答应了。那一天，微雨蒙蒙，与戴金边眼镜、着方格衬衣的单老师如此近地站在一起，恍惚间竟如梦境一般。此时，天地间虽茫茫一片，但我的心头却如丽日晴空。此后每一个阴雨蒙蒙的季节，我总会想起单老师，想起单老师专注而深邃的目光，想起单老师谦逊而温和的微笑。每每这时，由阴雨天气带来的坏心情往往会一扫而光，我又会静下心来，认真备课上课。

后来，山东省教研室组织与会教师参观临沂书法广场，我又有幸与单老师同行。我向单老师请教了许多问题，单老师不厌其烦，一一耐心为我解答。曲径通幽处，走到一幅大篆书法前，作为语文教师，我非常惭愧自己竟然一个字都不认识，只好再次请教单老师。单老师坦诚地说："我也不认识。小篆还能认识一些，大篆就不行了。"我原以为，即使不认识大篆，单老师也会委婉地说明，没想到单老师如此坦诚承认自己的不足，这就是孔子所说的"知之为知之，不知为不知"的精神吧。

单老师在《观竹》一文中写道："虚心劲节，清淡高雅，不哗众取宠，不盛气凌人。"单老师是在写邻家之竹，其实不也正表达了他自己的高洁情怀吗？又想起单老师在《我参评特级教师的那段心路》中这样表明自己的志向："沉下心来，不浮不躁；诚实教书，真心育人。"我想，这也是每一位为人师者应该坚守的吧。

第三章 教育之论

教学篇

一片丹心在杏坛

有你在，灯亮着
—— "高中语文三级分层达标实验"课题阶段性总结

巴金先生曾在致冰心先生的信中写道："有你在，灯亮着，我们不在黑暗中，我们放心了。"今天，我也要把这句话送给"高中语文三级分层达标实验"这一课题。有你在，灯会一直亮着，引领我们走进语文教学的灿烂春天。

我们学校是一所县城非重点高中，高一学生入学成绩较低，多数学生没有养成良好的语文学习习惯，更没有多少文学知识的积累。所以，"高中语文三级分层达标实验"这一课题的到来，是真真正正给我们送来了有效提高师生语文素养的一场"及时雨"。经过接近两年课题实验的探索和实践，我们欣喜地看到了学生的进步，看到了他们语文素养的提高。同时，课题的进行也带动了我校语文教师更广泛、更深入的思考和实践：如何提高语文素养及教学素养。在这里，我向各位领导和诸位同仁汇报我们在课题实验过程中的一些做法及感受，真诚希望能够得到各位专家和同仁的指导。

一路汗水，一路探索。我们主要从"横向积累"和"纵向探究"两个方面对课题的每一阶段进行探索实验。

一、古诗文诵读

横向积累方面

我们充分使用早读时间，灵活利用课前、课上时间，巧妙挖掘课外零碎时间，采取灵活多样的方式，不断探索创新，开展了一系列形式多样的古诗文积累活动，极大提高了学生的阅读积极性，收到了扎扎实实的学习效果。

1. 突出一个"严"字，严格要求。制订复读复背检查表，挑选复读复背优秀诗文240篇，学习小组长检查记录，教师抽查。学生充分利用早读及课余时间，熟练背诵《古诗文诵读》，同桌互查，组长再查，做好记录。语文教师利用课前5分钟进行抽查，课代表汇总记录后交给教师，教师定期对学生诵读情况进行总结并公布。

2. 突出一个"实"字，实实在在。每周有一节课专门用于师生诵读（以小组或宿舍为单位进行接力背诵、限时背诵、联系背诵等）、展示、交流等，定期让学生自主命题并进行测试。学生把自己认为重要的诗句、易写错的诗句等找出来，每人命制一套古诗文背诵检测题，学生互考互批，巩固记忆。组织古诗文阶段性检测，以试题的形式考查学生掌握情况，分名句默写、全篇默写、鉴赏等。为了方便学生理解和记忆，我们还要求学生以"四季诗词""送别诗词"等格式对诗词进行分类整理，办成手抄报，进行班级交流。

纵向探究方面

我们主要从鉴赏、运用、配乐诵读等几个方面搭建平台，引导学生更深入地探究和感受诗歌的丰富内涵。

1. 突出一个"深"字，深度赏析。创办《古诗文赏析报》，用于发表学生写作的古诗文赏析，有时还组织师生同题赏析，互相点评，乐在其中。

2. 突出一个"新"字，灵活创新。组织创办"古诗文赏析手抄报大赛"活动，要求学生把握诗文内容与意境，并据此配上合适的图画。将优秀作品进行展览。诵读、理解、升华、展示的过程，实质上是学生提高进步的过程。

3. 突出一个"用"字，重视运用。注重古诗文在日常生活、口语交际和写作练习中的运用。每月以组为单位出一期"古诗文风韵"黑板报，营造古诗文文化学习氛围，图文并茂，提高诵读兴趣。播放《唐之韵》等音像材料，激发学生的兴趣，拓宽学生的知识面。

4. 突出一个"全"字，全面提升学生的语文素养。组织"2010年庆元旦书香满校园诗文朗诵会"，学生导演、主持，从选拔选手、选取背景音乐到制作视频背景，都以学生为主。晚会长达两小时，别具一格。

二、经典名著研读

横向积累方面

1. 立体规划，全面设计。2009年11月10日，我们课题实验小组在全校印发了《"开展读书活动，营造书香校园"实施方案》，号召广大师生开展读书活动。推荐教师读书138部，学生读书上百部。2009年12月，"读书活动推荐书目"活动盛大开幕，推荐内容包括故事简介、推荐语及推荐教师姓名；制作木质彩板40余张在学校展出，营造了阅读经典的浓厚氛围。

2. 快乐假日，与大师对话。2010年2月至3月，印制《老人与海》《边城》等阅读材料，倡导学生在寒假阅读，做好读书笔记，每人设计一张读书画报。开学评比后，择优在校园报刊栏展出。这种做法提高了学生阅读与独立思考的积极性，增强了学生的成就感。

3. 全面指导，关注过程。2010年4月以来，实验组全体教师集体备课，制定《红楼梦》阅读指导方案，具体指导学生阅读名著。2010年7月至9月，实验组要求学生充分利用暑假，至少读两遍《红楼梦》，并在开学后组织读书笔记评比活动，选出优秀读书笔记进行展览。2010年10月，实验组倡导学生利用国庆假期深入阅读《红楼梦》，并要求学生写出阅读《红楼梦》的心得、感想等，就整体情节、局部内容、写作手法等方面展开探讨，完成千字左右的读书随笔。

纵向探究方面

1. 创新活动，激发兴趣。2010年10月至11月底，实验组先后组织《红楼梦》读书报告会班级初选、校级选拔等活动，实验组全体教师进行了全程指导。2010年12月1日、2日，实验组组织师生共同参与的以"阅读经典名著，共享智慧人生"为主题的《红楼梦》读书报告会，既落实了我校承担的课题，又丰富了校园文化生活，增强了学生阅读经典的兴趣。

2. 展示成果，推陈出新。2011年1月，师生共同努力，把报告会的内容印制成《红楼梦》读书报告会专刊，学生人手一本，把阅读经典活动推向高潮。2011年2月下旬以来，开展《红楼梦》深层阅读活动，让学生自己提出问题，进行深度探究。

3. 敢于拿来，勇于使用，提高素养。阅读经典名著的同时，利用好山东省课题组提供的实验配套材料《现代文诵读》，安排学生利用早读时间诵读，并利用寒假摘抄自己喜爱的篇章。要求学生在日常生活中灵活运用，提高自己的文学素养和道德修养。

三、其他活动

1. 把课题实验与学生的日常语文学习结合起来。始终坚持周记、随笔和读后感的写作、交流和展示活动，把其作为落实课题效果的重点工作来抓。按照随堂、随时写作与大作文相结合的写作训练思路，每周组织学生互改互评作文或周记，在交流中观摩借鉴优秀作文，反思自己作文的不足，在相互展示和评价中提高写作水平。

2. 把课题实验与课堂教学融为一体。注重培养提高学生语文能力的同时，我们还重视教师语文素养的提高。让教师认真学习新课改理论，探索高效课堂的实施方法，开展同课异构活动，把学到的古诗文知识灵活运用到课堂上，提高业务水平与语文素养。

3. 把课题实验与爱国主义教育结合起来。借助课题实验，我们在注重学生增长知识、提高修养的同时，还对学生进行爱国主义教育。组织"中华人民共和国成立60周年"征文比赛和"历史的选择"演讲比赛，引导学生从身边的变化中感受祖国日新月异的变化，增强学生的爱国主义精神和民族自豪感，并鼓励学生把这种情感融入平时的写作中。

4. 把课题实验与学生的终身发展结合起来。积极鼓励学生参加社会活动，由学校、家庭走向社会，开阔自己的视野，在生活中感悟，从而积淀情感，抒写情绪。为此，我们组织了"感恩书信"征文比赛、感恩教育演讲、"托起明天的太阳"等活动，让学生在活动中学会感恩。有些学生自发组织去敬老院帮助老人，并把活动感受写成文字，进行交流展览。

四、课题实验的下一步计划

1. 开展《红楼梦》深层阅读活动，提出问题，进行探究。要求学生写出不少于 5000 字的相关文章（可以从人物、情节、谋略等不同侧面寻求切入点），课题实验组教师每人写出一定数量的教育叙事或课程改革探索与思考方面的文章。

2. 拓宽学生的文化视野，提高其逻辑思维能力。推荐学生在暑假阅读朱光潜的《谈美书简》，让他们采用循序渐进的阅读方法，反复阅读四至五遍，开学后交流阅读感受。

五、课题实验中的困难和疑惑

我们在课题实验中也遇到了一些问题和困难，比如：如何更好地指导学生化诗入文，提高作文的文学气息；如何更好地指导学生对名著进行深层次阅读；怎样把我们的课题实验和课本教学进行更好的融合等。

最后，我想说，在"高中语文三级分层达标实验"课题这盏明灯的引领下，在省、市、县各级领导专家们的帮助下，在老师们辛勤汗水的浇灌下，我们坚信，我校学生语文素养和语文学习能力都将得到极大提升，积累的古诗文和经典名著也将铭刻在他们的脑海、融入他们的血脉，在潜移默化中不断提高他们的语文素养、文化品位和人生境界，成为他们永远的精神食粮。

　　此文系课题交流会上的典型经验发言。
　　参考：《山东省人民政府关于深入贯彻〈中华人民共和国义务教育法〉大力推进素质教育的意见》。

走过 2011 年春天

又是一个草长莺飞的 3 月，校园里到处春光烂漫，昭波老师为此赋词一首：群芳绽处校园好，玉兰紫藤，李白桃红，万条柳丝撩春风。春意未散墨香浓，晨光晚灯，琅琅书声，引来春燕戏雨中。

可是，行色匆匆的我却无暇欣赏这美景。2011 年 3 月 24 日，与办公室郑主任参加了莒县教育局召开的高中学段教育信息工作会议后，郑主任说："你把今天的会议精神结合你平时的写作整理一下，给我们学校的通讯员做一次培训吧。"我为难极了。在这次会议上，我确实收获了很多，我平时也的确喜欢写些小文章，可是给全校的通讯员做培训，我能行吗？我犹豫了，可是领导安排的工作必须做，还要做好，怎么办呢？只有赶紧行动。整理会议资料，查找兄弟学校的经验介绍，细读这几年自己写过的通讯，为了使内容具体可感、易于学习，我又动手把写出的文字稿制成 PPT（演示文稿）。

就在忙得一塌糊涂的时候，日照市教研室的李老师打来电话说，因为我校承办的省级课题比较出色，希望我整理出具体的活动内容，与其他几所市级学校进行比较后，教研室最终再选定一所学校代表日照市在山东省课题会议上做典型经验发言。对于这一课题,我可以这样说,学校领导关心备至,语文组老师们倾尽心血,学生们收获良多。既然做了这么多工作,就要争取到这个机会。我在高二语文组全体老师的帮助下整理出具体的活动内容,为了能够顺利通过审核,我们甚至细细斟酌每一个句子、每一个词语的使用是否到位。每一次修改,总是觉得还有不尽如人意的地方,这一过程可谓令人精疲力尽。终于,我们把修改多次的课题纲目发到了县、市教研室,在自信却又忐忑不安中开始了等待。

4月初,最终结果在意料之中和意料之外来临了。说意料之中,是因为我们确实把课题与教学融为一体,并且取得了很好的教学效果;说意料之外,是因为全市有那么多名校,我们只是县城的一所普通高中,却要代表全市去省里交流。我开始写发言材料,反复修改,直到认为满意才发给县、市教研员。这个过程中,我又与老师们对课题资料进行整理,有些活动虽然已经开展过,却因为没有专门的地方存放相关资料,已经找不到了。宋校长听说后,在学校用房很紧张的情况下,还是给我们安排了专门的课题资料室,还特批了学生手抄报用纸。老师们加班加点地忙碌着,一切都是为了课题交流服务。

俗话说:"一分耕耘,一分收获。"可是,我与老师们的辛勤耕耘,得到的却是批评。莒县教研室的张老师说:"既然是典型经验交流,就不能只停留在具体做法上,要有理论高度。"日照市教研室的李老师说:"只写好文字稿是不够的,要制成PPT,让别人知道你们具体做了什么,又是怎么做的。"于是,我继续马不停蹄地工作,整理、拍照、制作、重改发言稿……然后是试讲、修改,再试讲、再修改……这真是一个痛苦的过程。莒县教研室的张老师在百忙之中为我修改发言稿，日照市教研室的李老师因为工作太忙，就利用周末专程前来，水都来不及喝一口就开始对我的发言进行指导。学校领导们也非常重视，一次又一次给我提出修改意见。领导的高度重视使我备感压力，但是在老师们的帮助下，我还是成功地准备好了发言稿及PPT。

最后的时刻终于来临了。第二天就要去山东省课题会议上发言了，下午，市、县教研员却突然来了，说要最后再听一遍我的发言，看看还有什么问题，学校领导们也要参加。第一次面对那么多领导，还都是来给我"挑毛病"的，从来做事都信心十足的我却第一次发现了自己的胆怯。我紧张得满头是汗，大概宋校长也看出了我的紧张，为我递上一杯水，关切地说："喝杯水再讲吧！"领导的关心以及前面做的大量工作使我慢慢镇静下来，虽然还有一些不足，但我认为自己比前几次的表现都好。没想到的是，领导们提出删去一些可有可无的图片，再添加见证我们做了大量工作的照片。那时已经是下午六点多了，老师们都已经回家，而我的摄影技术并不好。于是，我立刻打电话求助，但是有的老师正在吃饭，有的老师手机打不通……

拎着笔记本电脑站在办公楼前，那一刻，我突然感觉自己是那样无助，眼泪无声地流了下来。这样能完成领导安排的工作吗？眼看天要黑下来，到时候更没法拍照片了。我没有难过的时间，只能立刻回家取相机，然后找资料试着拍了一些照片。生怕照片效果不够好，又找了一位据说摄影水平不错的学生帮着拍了几张，晚饭都没来得及回家吃，就赶紧开始制作

PPT。照片拍得并不好，无奈之下，我想到了学校办公室的郑主任。一打电话，他果然在加班。那时，我也不管郑主任是否有时间，厚着脸皮就去找他了。郑主任热情地帮我进行调整与修改，还帮我重拍了几张照片。在郑主任的帮助下，我终于按领导们的要求完成了，PPT的效果也确实比之前的好多了。

晚上，我检查制作好的PPT，突然想起了制作PPT的专家左永伟老师。对啊，我应该找他帮忙，让他从专业的角度再帮我完善完善。已经是晚上八点多了，虽然知道不方便，我还是拎起电脑去了左老师家。下载图片，调整顺序……左老师忙碌着，我在一边认真学习着。事实证明，我的做法是明智的。经过左老师的完善，PPT焕然一新。晚上十点多，当我踏出左老师家门的时候，心中满怀的，不仅仅有对左老师一家的感激之情，还有充足的信心。

4月20日，日照市教研室的李老师开车，我们顺利到达临沂市罗庄区第一中学。然后我得到通知，因为日程安排紧张，我只有五分钟的发言时间。晚上十点多，得知山东省教研室的厉老师已回到宾馆，日照市教研室的李老师让我带上电脑，我们一起去拜访厉老师。这样，我们又争取到了更多的发言时间。

结果在意料之中，我的发言得到了与会领导、专家及老师们的充分肯定。休息时间，很多学校的老师围着我和李老师，要求拷贝我们的资料，带回去学习。

返校后，紧张的心情终于得以放松。我刚想好好休息一下，接着就收到学校办公室的通知：明天举办校通讯员开会学习活动，让我在会上对通讯员进行培训。有了前一阶段的学习提高，我突然意识到自己之前准备的材料是那样浅薄，于是赶紧加班进行修改。会议结束后，宋校长微笑着对我说："你进步了很多。"那一刻，我突然认识到，参加山东省课题会议之前的那段痛苦经历，也是我如一只蛹艰难蜕变的过程吧！

5月初，李老师突然打来电话说："我们也要开一个市级的课题会，你能像讲省课题会议上的公开课一样，讲一节公开课吗？"我想，不就是讲课吗？当老师的，不是每天都讲课吗？所以我没有丝毫犹豫地答应了。后来莒县教研室张老师打电话说："你可要好好备课，这次是展示课，全市的老师都要学习，还要把现场录下来，交到省教研室的。"我一下子意识到问题的严重性，这就是说，我又要像之前准备省课题会议上的发言一样，经历一番痛苦的折磨了。

恰在此时，驾校通知，我要参加驾照的理论考试了。天啊，因为这段时间太忙，我竟然把这件事忘了，考试资料一眼都没看，怎么办呢？反正不能利用上班时间学这些。上班这么多年，我有一个原则：上班时间就做与教学有关的事情，学生永远是第一位的。备课、批作业，事事都不能耽误，那只能牺牲休息时间了。晚上一回到家，我就趴在电脑上做理论题；早上一睁开眼，我先把电脑打开，做一会儿题，叫醒女儿，再做饭。三次理论考试，做梦一般，我竟然都顺利通过了。

准备公开课却要麻烦一些。我知道自己讲课时语速快，不适合讲公开课，就让自己有意识地放慢速度。但是我最大的特点就是讲课很有激情，语速放慢后，我发现自己讲完课后一点感觉都没有，心情简直糟糕透了。怎样才能既保留自己的上课激情，又把语速放慢，成为困扰我的一大难题。在这种纠结与痛苦中，我得到了周围老师们的种种帮助，也在逐渐提升自己。5月底，我终于讲完了这节市级展示课，尽管还是有一些不足，但是我看到了市、县教研员会心的微笑，感受到了学生收获的喜悦，甚至听到了自己欢快的心跳声。我知道，我在教学的路上，又迈出了坚实的一步。

不经意间，春天的脚步渐行渐远，夏带着它的炽热情怀欢快扑来。回首走过的这个春天，我有过辛勤的汗水，有过委屈的泪水，也享受了欢快的笑容，收获了成功的喜悦。生命大概就是如此吧，付出着，同时收获着；痛苦着，同时快乐着。

走过2011年春天，忘不了，省教研室厉老师的充分肯定；忘不了，市、县两级教研员的多次指导；忘不了，宋校长的支持与鼓励；忘不了，周围老师们的关心与帮助；忘不了……

前行的路依然漫漫，带着领导们的期望，带着老师们的关心，我将继续努力……

此文为课题带给我的蜕变。

一节雪天的语文课

教材分析：

《全日制普通高级中学教科书（试验修订本）·语文》修订的指导思想是：全面提高学生的语文素养，提高学生正确理解和运用祖国语言文字的能力，重视积累、感悟、熏陶和培养语感，使学生养成良好的学习语文的习惯。语文新课程标准体现了国家对语文教育的要求，体现了素质教育的思想，具有鲜明的人文性、时代性、实践性和科学性。

这些都要求语文课堂做到：①重视语文教育的丰富内涵，突出情感、态度、价值观在教学目标中的地位；②强调学会略读和浏览，要求学生掌握搜集和处理信息的能力，突出口语交际能力。

教学目的：

学生普遍存在口语表达能力不强、思维定式等问题，这一类型的课程，可以让学生最大限度地参与到教学中，充分表述自己的观点，并通过听取别人的观点来扩展自己的思维。锻炼学生的口语表达能力、联想想象能力、逻辑思维能力。

教学过程：

在一个雪花纷飞的日子，伴着《雪花的快乐》的朗诵，

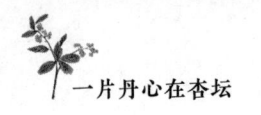

一节独特的语文课开始了。

欣赏着窗外纷纷扬扬的大雪,倾听着丁建华声情并茂的朗诵,看得出来,学生异常兴奋。

教师:哪个同学能说说雪的特点?

来晓军:雪是白色的。

赵瑞香:雪是六角形的。

郭明明:气温很低才会下雪。

徐婷婷:确切地说,气温要下降到零摄氏度,才会下雪。

董淑珍:气温下降时,空气中的水蒸气凝结而形成雪花。

张奎兵:雪是颗粒状的,或者也可以说是晶体状的。

学生的发言越来越踊跃,气氛也越来越热烈。

教师:我们说了这么多雪的特点,请同学们运用我们学过的下定义方法,给雪下一个定义。(短句化长句是高考考查的一个知识点。)学生开始认真地思考,然后讨论。

谢宗记:我认为,雪属于晶体。句子的主干应该是"雪是晶体",雪的其他特点都做"晶体"的定语。

教师:雪的这些特点,我们应该怎么给它们安排顺序呢?

谢宗记:我还没想好。

徐从凯:应该把"气温下降到零摄氏度"放在第一位,因为它是雪形成的条件。

杨明香:我认为应该把"水蒸气"放在第一位。

刘培喜:我是这样安排的,雪是空气中的水蒸气在气温下降到零摄度时凝结而成的白色六角形晶体。

张文广:我认为应该把"六角形"提到"白色"之前,雪是空气中的水蒸气在气温下降到零摄氏度时凝结而成的六角形的白色晶体。

学生一致通过这种看法。查找词典比较，学生发现，词典上关于雪的特点，他们都想到了，于是更加兴奋。我乘兴引导学生进入第二个环节。

教师：雪是古代文学中一个经久不衰的话题，大家能想到关于雪的诗文名句吗？

张万三：陈毅的《青松》中有"大雪压青松"。

刘树来：俗语有"瑞雪兆丰年"。

杨明明："燕山雪花大如席，片片吹落轩辕台。"不过我不知道作者是谁。

她的回答引来善意的笑声。

教师：谁能帮杨明明同学解决这个问题？

谢宗记：这是李白的《北风行》中写雪的名句。

刘培喜："忽如一夜春风来，千树万树梨花开。"这是岑参的《白雪歌送武判官归京》中的句子。这句诗虽未点明"雪"字，却更形象地写出了下雪的壮观景象，这是用南方春景写北方雪景。

她的分析迎来阵阵喝彩声。

张文广：我也想说一句，只不过不是诗歌中的。《水浒传》中有一句"那雪下得正紧"，我感觉"紧"字用得很到位。

……

教师：同学们都说得很好，我也想到了一首与雪有关的诗，白居易的《问刘十九》。

学生七嘴八舌地背起来："绿蚁新醅酒，红泥小火炉。晚

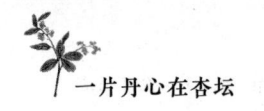

来天欲雪,能饮一杯无?"

教师:天晚了,眼看就要下雪了。两位好朋友围着火炉,喝着新酿的美酒,室外真的飘起了雪花,但室内却是那样温暖、和谐。试想,那是一种怎样的感觉呢?雪总是与浪漫、美好联系在一起,那么,请同学们放飞想象的翅膀,想一想雪中会发生什么美丽动人的故事。大家有五分钟的时间思考。

蒲洪娟:雪花飞舞的世界显得格外美丽,让我激动的不仅仅是这白茫茫的世界,还有刚出世的小羊羔。或许它对这银白的世界太好奇了吧,老想站起来走走,可又总是一次次跌倒。羊妈妈站在一边,不断地舔着小羊羔湿漉漉的身子。小羊羔刚晃悠悠地站起来走了几步,羊妈妈就走过去,让小羊羔顺势趴在妈妈身边。羊妈妈努力贴近自己的孩子,或许是怕它冻着吧。在这个雪花纷飞的圣洁世界里,我懂得了一种更圣洁的真情——母爱。

孟祥新:大雪纷纷,上苍送给人们一个银白的世界;北风阵阵,上苍也给邮递员出了一道心灵的难题。他,选择了上路,因为他知道,自己手中握的也许是人们的期盼,也许是至关重要的消息,也许是……白雪依旧下个不停,路更难走了,他的步履也更加艰难了。望着遥远的小村落,他艰难地挪动着……我觉得,雪中最美丽的,就是邮递员的身影。

谢洪洋:这是入冬以来的第一场雪,比以往来得早、来得大。厚重的雪花铺落在笔直的马路上,洒落在屋顶、枯树上。"啪",远处一位骑车的大伯摔倒在光滑的马路上,行人赶紧把他扶了起来,并互相告诫着:"路滑,小心点。"多么美丽的一幕,我不禁想起一句歌词——只要人人都献出一点爱,世界将变成美好的人间。

刘培喜：雪儿一生也不会见到雪，因为她看不见。我知道，她想看雪，尤其想和我们一起打雪仗、堆雪人。可她怕，怕别人嘲笑她。于是，一次大雪纷飞中出现了这样一幅画面：几个孩子手冻得通红，却在高兴地唱着歌堆雪人，其中一个瘦小的女孩在其他孩子的帮助下摸索着堆雪人，脸上露出了甜甜的笑。当雪儿说"这是我感到最幸福的时候"时，我觉得我们做的这些事，就是雪中最美丽的故事。

……

小结：

这一节课，同学们积极参与，讲述的故事也非常动人。看来，雪花给同学们带来了灵感。请同学们课后把看到或想到的美丽、动人的故事写下来吧。

此文为课题引领下的课堂实录。

课堂教学实录与反思

一、课题

诗词的分类积累与送别类诗词的运用

二、执教单位及教师

单位：日照市莒县第二中学

教师：鲁文娟

三、教学背景

日照市实验高级中学是省属重点高中，我授课的班级是高一14班，学生基础比较好，诗词积累背诵比较到位，《古诗文诵读》中的诗文基本能够全部背诵，学习古诗词的积极性很高。为落实"高中语文三级分层达标实验"这一课题，打造高效语文课堂，提高学生语文素养，本次教学重在引导学生学会分类积累，把握情感，建立合理的知识结构，并学会把积累的古诗词灵活运用到写作中，增加文章的诗意美。借送别类诗词的分类积累与运用，循序渐进地组织训练，使学生掌握规律，深化记忆与理解，最终落实到写作中。

四、内容提要

教学思路

针对学生古诗词背诵多，但由于缺乏系统性而运用很少的情况，我们决定指导学生对背诵过的诗词进行分类积累，并引导学生学会灵活运用。这节课以送别类诗词为例，设置了两个教学目标：积累送别类诗词，品味作品的情感美；灵活运用古诗词，增加文章的诗意美。为了让学生尽快养成分类积累的意识，设置"同轮明月别样情"课前活动，让学生背诵关于月的诗词。具体的教学过程分为"积累·品味"与"运用·提高"两个环节。在"积累·品味"环节，重点培养学生分类积累的习惯，把握送别类诗词的情感；在"运用·提高"环节，让学生明白，不仅可以直接引用诗词，更可以采用意象组合或部分截取等方式灵活运用诗词，多姿地展现诗词的韵味。在让学生学习了诗词运用方法后，接着以"别离"为话题对学生进行写作训练，最终让学生把学习的理论运用到实践中。

教学特点

1. 重视诵读。让学生在反复诵读中感知、想象、分析、推理、挖掘诗词的思想情感，体会诗词的韵律美。借助诵读，把学生带入作者创设的优美情境中，让学生在潜移默化中模仿、学习，直至创造。

2. 重视对学生的点拨。学生在互相交流中集思广益，充分发表、补充自己的见解、收获。在这个过程中，我注意倾听、收集学生反馈的信息，在关键的疑难之处给予引导点拨，及时教给学生方法。

3. 用激情感染学生。我与学生一起诵读、一起品味，学生被我的激情感染，也都充满热情，课堂效率很高。

五、教学实录

教学目标

1. 积累送别类诗词，品味作者的情感美。
2. 灵活运用古诗词，增加文章的诗意美。

教学对象

日照市实验高级中学高一14班学生。

教学方法

诵读法、引导法。

教学实录

1. 课前活动。

大屏幕展示课前活动内容，同桌互相检查背诵。

（大屏幕展示"同轮明月别样情"：李白《古朗月行》、张九龄《望月怀远》、杜甫《月夜忆舍弟》、苏轼《水调歌头》。）

教师：今天的课前活动是"月"的诗词积累。刚才同学们检查得非常认真，我们一起背最后一首吧！

学生充满感情地背诵。

2. 教学过程。

教师：现在，让我们静下心来，欣赏一首歌曲。

（大屏幕展示李叔同的《送别》。）

教师：一曲送别，荡气回肠，引发我们无尽的离愁别恨。

南朝著名文学家江淹在《别赋》中写道："黯然销魂者，唯别而已矣！"（大屏幕展示《别赋》。）这节课，我们就来学习诗词的积累与运用。请同学们一起读教学目标。

（大屏幕展示教学目标：积累送别类诗词，品味作者的情感美；灵活运用古诗文，增加文章的诗意美。）

环节一：积累·品味

教师：荀子在《劝学》中这样强调积累的重要性："不积跬步，无以至千里；不积小流，无以成江海。"课前我已经让同学们积累送别类诗词，下面大家进行小组交流，补充自己没想到的。

学生开始热烈地进行交流补充。

教师：开始检查了。注意，要有感情地背诵。哪位同学先来？

学生争先恐后地背诵，教师引导学生把握诗人情感，再次饱含深情地诵读。

学生：《送别》，隋朝民歌。"杨柳青青着地垂，杨花漫漫搅天飞。柳条折尽花飞尽，借问行人归不归？"这首诗表达了诗人对远方之人的浓浓思念之情。

教师：老师也非常喜欢这首诗，我们一起来读。（大屏幕展示《送别》。）我们来看题目是什么。

学生："送别"。

教师：刚才的同学分析这首诗时，认为它表达的是诗人的思念之情。看了题目，你觉得这种理解对吗？

学生笑。

教师（进一步引导）：老师每每看到这首诗，就会想到

《西厢记》中的"长亭送别"片段,崔莺莺唱道:"伯劳东去燕西飞,未登程先问归期。"还没走呢,就想知道对方回来的日子。这种依依惜别之情,催人泪下。

学生:老师,我明白了,《送别》其实是借"柳条""杨花"这些意象来表达浓浓的惜别之情。

教师:那你带着刚才的理解再来读一遍。

学生饱含深情地诵读,赢得同学们热烈的掌声。

教师:一说到送别诗,我们就会想到离愁别恨,同学们刚才背的《送元二使安西》《送友人》《送别》《赋得古原草送别》《雨霖铃》等,都表达了这种情感。其实,并不是所有的送别诗都表达了这种黯然的心境,刚才同学背诵的王勃的《送杜少府之任蜀州》就表达了一种昂扬向上的情感。来看大屏幕,诵读品味你熟悉的诗歌。

(大屏幕展示王勃《送杜少府之任蜀州》、高适《别董大》、王昌龄《送柴侍御》、陆龟蒙《别离》。)

学生基本在诵读前两首。

教师:看来同学们对前两首比较熟悉,我们一起来看后两首,读一下王昌龄的《送柴侍御》。你觉得这首诗中哪一句能够直接表达出作者的情感?

学生:"送君不觉有离伤。"本来是送别,诗人却不觉得有离别的悲伤。接着诗人又解释道:"青山一道同云雨,明月何曾是两乡。"进一步体现出诗人虽与友人即将分离,却认为可以共享"青山明月"的开阔胸襟。

教师:分析得太好了。给同学们一分钟的时间,背诵这首诗。

学生开始认真背诵，教师进行个别检查，最后集体背诵。

教师：同学们背得很好。我们再一起来看陆龟蒙的《别离》。请同学们大声读一遍，找出最喜欢的诗句，并说明理由。

学生1：我最喜欢"丈夫非无泪，不洒离别间"一句。这句诗体现了大丈夫志在四海、不拘离别的豁达胸襟。

学生2：我最喜欢"所志在功名，离别何足叹"一句。大丈夫就应该执着追求自己的事业，何必为一时的离别而"泣下沾襟"呢？

教师：同学们谈得都很好。请你们一边读自己喜欢的句子，一边把它们记下来。

学生很认真地边读边记。

环节二：运用・提高

教师：通过刚才的积累和品味，我们感受到了古诗词中蕴含的丰富文化底蕴和情感。如果能把这些灵活运用到我们的写作中，我们的文章就能增加浓浓的诗意美。来看两则事例。

（大屏幕展示学生写作片段与余秋雨的《听听那冷雨》。）

教师：运用古诗词有两种方法，既可以直接引用，又可以化用。我们来看第一则示例。哪位同学能边读边填呢？

学生：暮春，雨后，站台，我与文学社的两位好友依依惜别。李杰伤感地说："此一去，万水千山，不知何时才能相见，'劝君更尽一杯酒，西出阳关无故人'。"而好友楚兴鹏却打趣道："你也太多愁善感了吧，作出此等儿女情状。王勃曾说过：'海内存知己，天涯若比邻。'"我感动地说："'浮云游子意，落日故人情'，感谢你们的真情相送，彼此珍重。"

105

教师：引用诗歌非常巧妙，但答案并不是唯一的，请同学们课后再尝试填写别的诗句。我们来看示例二，请同学们大声读一遍。

（大屏幕展示余秋雨的《听听那冷雨》片段：杏花春雨江南，那是他的少年时代了。再过半个月就是清明。安东尼奥尼的镜头摇过去，摇过去又摇过来。残山剩水犹如是。皇天后土犹如是。纭纭黔首、纷纷黎民从北到南犹如是。那里面是中国吗？那里面当然还是中国永远是中国。只是杏花春雨已不再，牧童遥指已不再，剑门细雨渭城轻尘也都已不再。然则他日思夜梦的那片土地，究竟在哪里呢。）

教师：这一片段化用了哪些诗句，又是怎么化用的呢？

学生1："杏花""春雨""江南"，化用了陆游《临安春雨初霁》中的"小楼一夜听春雨，深巷明朝卖杏花"。

学生2：也可以说化用了"沾衣欲湿杏花雨，吹面不寒杨柳风"一句。

学生3："牧童遥指已不再"，化用了杜牧《清明》中的"借问酒家何处有，牧童遥指杏花村"。

教师："剑门细雨渭城轻尘也都已不再"，也化用了两首诗中的句子，是哪两首呢？

学生：我只知道"渭城轻尘"出自王维的《送元二使安西》，原句是"渭城朝雨浥轻尘，客舍青青柳色新"。

教师："剑门细雨"出自陆游的《剑门道中遇微雨》中的"细雨骑驴入剑门"一句。刚才同学们回答得都非常好，现在请同学们思考回答，作者是怎么化用这些诗句的？

学生：我觉得作者没有直接运用原诗，而是选取了其中一个事物使用。

教师：这个事物，在诗歌中叫什么呢？

学生：是意象吧？

教师：对，你刚才说，作者只选取了一个意象使用。那么，杏花、春雨、江南，也是一个意象吗？

学生：是多个意象放在一起。

教师：非常好，马致远的《天净沙·秋思》也具有这个特点。

师生合诵："枯藤老树昏鸦，小桥流水人家，古道西风瘦马。夕阳西下，断肠人在天涯。"

教师：这些意象具有什么特点呢？

学生：几个意象组合在一起，给人一种富有诗意的感觉。

教师：对，这种形式就叫"意象叠加"。也就是说，化用诗歌的时候，我们既可以选取其中一个意象使用，也可以把意象叠加在一起，从而营造出一种诗意美。除了意象叠加，作者还使用了其他化用方法吗？

学生："牧童遥指已不再"这一句很美，但不是意象叠加。

教师：对，请你把原句读出来。

学生：牧童遥指杏花村。

教师：作者只用了哪一部分？

学生："牧童遥指"，截取了这一部分，就能让人感受到原句的美。

教师：对，截取部分，为我所用，这也是诗词化用的一种办法。好，获取了"他山之石"，我们能不能用来"攻玉"

呢？请以"别离"为话题写一段文字，要求合理运用富有表现力的诗词名句，增加文章的诗意美。

学生用四五分钟的时间写作，然后小组交流修改。

教师：哪位同学先来展示自己的作品呢？

学生：杨柳青青，杨花漫漫。朋友别离，执手相看泪眼。不见了孤帆，只见滚滚的长江水；不见了身影，只留下雪上的马蹄印。潭水千尺，却不及朋友之间的情谊；路途再远，也挡不住寄予明月的愁心。长亭处，古道边，柳条折尽花飞尽，借问行人归不归？

教师：哪位同学愿意为他点评呢？

学生：既有化用，又有直接引用，表达了朋友之间离别时的依依不舍。

教师：还有哪位同学展示？

学生：唱不断的阳关三叠，流不尽的迢迢春水，于渭城朝雨中浥去了轻尘，青青柳色，一盏浊酒能留住你吗？于残梅细柳中柔肠寸断，相思泪洒，能再相见吗？寂寞烛花，何时共剪？只听得秋池水涨，坐看一宵，晓风残月，酒醒何处？虚设得良辰好景，此去经年，便作满江都是泪，流不尽，许多愁。

教师：依依惜别，浓浓深情，虽是片段，却融进了王维、欧阳修、李商隐、柳永等人的诗词，老师只用一个字来评价：好！刚才同学们的展示都表达了离别时的浓浓伤感之情。还有写其他情感的同学吗？

学生：当你渐渐远去，只剩下"孤帆远影碧空尽，唯见长江天际流"。独自坐在石桌前，回想刚才还"客舍青青柳色新"。忙着"劝君更尽一杯酒"，而今只剩这一壶、一杯和我一人，你可曾知我的"一片冰心在玉壶"。是啊，莫要悲伤，莫要哭泣，默默在心中为你祝福："海内存知己，天涯若比邻。"真正的朋友不在乎别离，只要"心有灵犀一点通"，此情依旧深似桃花潭。

教师：同桌能来为他点评吗？

学生：用第二人称的形式，劝慰友人"真正的朋友不在乎别离"。虽短暂分离，但"天长地久有时尽，友谊绵绵无绝期"。

教师：化用诗歌来评价，太妙了！读读你的作品吧！

学生：管他北风吹雁也好，骤雨初歇也罢，陪君醉笑三万场，不诉离觞。杨柳折尽可以留你吗？红烛垂泪可以留你吗？千丝系绊，挽断罗衣，还是"劝君更尽一杯酒"，笑语"海内存知己，天涯若比邻"？不如相别吧，在"水是眼波横，山是眉峰聚"的江南，你追得上春天的裙裾；在"杨柳岸，晓风残月"的行路，你和得上秋日的弦曲。掬一把生于海波浩渺处的月光，清辉"不堪盈手赠"，我只将"天下谁人不识君"的祝福赠你。

学生送出了热烈的掌声。

教师：同学们热烈的掌声已经说明了一切。此刻，老师多想时间能够停留在这一刻，让我能够继续倾听、继续品味同学们优美的别离之作。可惜下课的铃声已经响了，就让我把最衷心的祝福送给大家吧！（大屏幕展示：让我们且歌且吟，使心灵变得丰富厚重、细腻充实。让古诗词走进我们的生活，融入我们的血液，化作我们的风骨，成为我们的灵魂伴侣。）请同学们一起来读。

教师：下课！

学生：老师再见！

教师：感谢同学们踊跃发言，再见。

六、教学反思

  这一节课，我预设了两个教学目标：积累送别类诗词，品味作者的情感美；灵活运用古诗词，增加文章的诗意美。

  为了让学生尽快养成分类积累的意识，我在课前活动设置了"同轮明月别样情"活动，并让学生互相检查关于"月"的诗词、提前积累的送别类诗词。上课时，设置小组补充环节，用大约十分钟的时间进行课堂展示，通过诵读让学生把握送别类诗词的多种情感：离愁别恨、昂扬向上、祝福等。积累的目的是运用，为了让学生学会灵活运用古诗词，我选取了学生的写作片段与余秋雨的《听听那冷雨》片段，让学生揣摩、体会，总结出运用古诗词可以采取灵活多样的形式：直接引用或化用诗词（意象组合、截取片段等）。通过写一个"别离"片段，锻炼学生运用古诗词表达自己情感的能力。

  总的说来，我认为本节课基本完成了教学目标。学生通过这节课能具备一定的分类积累诗词的意识，并能将诗词主动运用到写作中。我和学生在平等和谐的氛围中相互交流，感受到了他们自主学习探究获得的快乐，也感受到了自己作为引导者的自豪。但是仅靠这一节课就认为学生已经养成分类积累并运用的习惯是不够的，还要多组织这样的课，使学生养成学习自觉。

  当然，我也感觉到这节课有两个明显的不足。

一是问题多而琐碎。为了起到引导学生的作用，在学生理解掌握不到位时，我反复启发，有时甚至只说前半句话，期望学生能答出后半句。但这样做，我自己心里很明白，学生并不知道要回答什么。留给学生思考的时间太少，缺乏贯穿课堂的大问题，因此整个课堂的随意性太大。

二是激情有余，导致自我展示太多。因为我自己一向喜欢古诗词，也背诵了很多，总忍不住诵读并发表自己的看法。这样就局限了学生的思维，没有尊重学生的主体地位，也导致课堂过于以教师为核心。虽然我也尽力让学生展示自己，但学生可自由支配的时间还是太少。

在课改大潮中，作为一线教师，我们只有善于反思自己、学习借鉴，才能拥有属于自己的独特教学风格。我决心继续努力，不断学习，做一名经常反思自己教学、不断进步的教师。

此文为课题引领下的课堂实录。

一路汗水，一路芳香
——高中语文三级分层达标实验课题研究总报告

"高中语文三级分层达标实验"是山东省教学研究室正式立项的课堂类实验课题，策划人是教育部中小学语文课程标准研制组负责人、华东师范大学博士生导师巢宗祺教授，课题由山东省教研室厉复东老师牵头具体实施。策划该课题的目的是深化高中语文课堂教学改革，探索语文学科创建高效课堂的途径，全面提高学生的语文素养，进一步推进我省的素质教育。从立项开始，我们认真做好开题工作，整个实验过程中边研究、边实践、边修改、边发展，通过两年多的探索与实践，真正做到课题实验与教学内容相结合，真正使课题实验在提高教育质量上发挥作用，逐步形成了我校语文课堂教学特色。在省、市、县各部门的指导下，在课题组全体教师的共同努力下，课题实验进展顺利，现将课题总结如下。

一、课题的提出

1. 素质教育发展的需要。教育工作的主题是全面推进素质教育，核心是解决好培养什么人、怎样培养人的重大问题。

国家也多次召开教育座谈会，强调要加强素质教育，搞好中小学课程改革，倡导启发式教学，使学生从小养成良好习惯，形成高尚品德和创新精神。抓好素质教育，是党中央、国务院的重要决策，也是时代发展的需要。

中华优秀传统文化是中华民族的精神命脉，它历经岁月淘洗、千锤百炼，积淀了中华民族几千年来的价值观念、人格精神和审美意识。读经典，学生能在阅读中感受中国语言文字的魅力，精神能受到熏陶，并且可以以古人为榜样，学习古代圣贤的好学品质。学生在潜移默化中受到影响，丰富人文知识，提高人文素养，语文综合素质也能得到提高。

"高中语文三级分层达标实验"课题就是本着这一理念，设置了"温饱型""小康型""富足型"的循序渐进的路径，以期大力推进素质教育。

2. 学生健康成长和教师专业发展的需要。任何一种教学形式或教学手段，最根本的落脚点是：提高教学效率，增强教学效果。我们深感责任重大，因此更加关注教学效能，以课堂教学为抓手，创新教学模式，提高语文课堂效率。我们通过本课题研究工作，努力改善教学活动，优化教学模式和集体备课模式，引导每位教师不断提高自身的教学素质与能力。通过本课题的研究与实践，搭建学生有效学习的平台，促进学生学习方法的改变，使自主学习、探究学习成为学生学习的主流，提高学生的综合素质。

促进教师专业化发展是教师教育改革的重大主题之一，也是教师教育研究的核心课题。此课题研究有利于教师形成新的理论观念，培养教师实践教学的能力，促进教师的专业成长。

二、课题的内涵

1. 狭义内涵。我们希望在教师的指导下，通过两年多的学习，参加实验的学生高中语文水平分别达到以下三个不同层次：《古诗文诵读（上）》中包含从小学到高中所有语文课程标准推荐篇目，熟练诵读选自其中的300篇经典古诗文的"温饱型"水平；在此基础上，再精读100篇现代文和一两本经典名著，学会阅读经典的"小康型"水平；在前面两个层级的基础上，再达到能独立发现问题、提出问题，以探究为主的"富足型"水平。这种"三级分层"是我们一开始的理解，也是我们想当然的理解。

课题要求，学生高中三年语文学习要达到的目标是：①熟练背诵古今优秀诗文300篇（段）；②精心研读两部经典名著；③熟读80篇现代文；④比较广泛地阅读报刊，增加写作的素材积累；⑤重视平时练笔，如写日记、周记，写读书笔记、随笔、随感等，养成勤于动手的良好习惯。巢宗祺教授的初衷也是期待学生将阅读与写作相结合，将语文学活。

2. 广义内涵。真正的语文学习，应该是提高语文素养与培养语文能力的结合。山东省教研室厉复东老师提出了以下几个问题：

一是如何处理实验与必修的关系？

二是如何处理阅读与写作的关系？

三是如何处理学生自主学习与教师指导的关系？

四是如何处理课内与课外的关系？

五是如何处理提高语文素养与培养语文能力的关系？

从这几个问题我们可以看出，这个课题不是简单的、没有任何技术含量的古诗文背诵课题,而是和我们的语文教学方方面面紧密结合,而且非常具有挑战性的课题。山东省教研室说得很明白,开展此课题研究,旨在深化高中语文课堂教学改革,探索语文学科创建高效课堂的途径,全面提高学生的语文素养,进一步推动我省的素质教育。

厉复东老师说:"要站在课程标准的角度理解课题。这是中学语文教学的整体改革。我们不是把课题纳入常规教学,而是把一切常规教学纳入课题。我们的目的只有一个:全面提高学生的语文素养。"我们要把知识与能力、过程与方法、情感态度和价值观,落实到语文教学上。语言运用能力、思维能力和语言探究能力,就是语文素养。厉老师强调说,这个实验可以作为校本课程或者选修课,这是一次全面改革,而不是修修补补的工作。

所以,该课题广义上的内涵就是语文课堂教学改革,打造高效语文课堂,提高学生语文素养。这和我们学校正在进行的高效课堂改革是不谋而合的,也就更有利于我们开展课题。

三、课题研究方法

1. 调查法。必须先进行摸底调查,才能知道课题结题时学生的进步情况。我们在班级调查的基础上,进行了学校整体情况调查,对学生的基础有了一个基本的了解。

2. 测验法。因为古诗文背诵本来就是高考必考内容,进行这个实验后,平时考试要增加古诗文背诵所占分数。我们已经将期中考试的默写提高到 30 分,并把对字词的理解加入考题,每学期对学生的古诗文背诵情况进行一次认定考试。

3. 经验总结法。在课题开展的过程中，我们必然要总结以前的经验，而且要边做课题边总结经验，以得到更大的进步。

4. 个案研究法。个别学生特别擅长古诗文诵读和写作，那么我们就跟踪培养，研究他的学习方法与特点，用于指导其他同学，最终达到提高全体学生语文素养的目的。

四、课题研究的主要过程

1. 准备阶段：自2009年9月承担课题后，学校建立课题领导机构，成立领导组，领导组下设课题实施组，并对课题研究的任务进行分解，确保人人负其责，个个有任务，事事有人干，从而为实验的有效推进提供坚强的组织保障。同时，学校组织广大教师认真学习总课题组下发的专门文件，及时传达总课题组召开的专门会议精神，学习相关理论，体会教育理论对教学理念、教学模式、教学方法所产生的深刻影响，真正做到从思想上高度重视，从氛围上积极渲染，从行动上积极引领；做好实验前各项准备工作，设计课题研究方案，做好课题论证工作等。市、县两级教研员的精讲分析，极大地提高了教师的理论水平，拓展了教师的认知领域，启发了教师的智慧和创造性，有力地促进了教师的专业化成长。

2. 实验阶段。

第一阶段（2009年9月—2010年8月）

（1）复读、复背义务教育阶段要求背诵的优秀诗文。[《义务教育语文课程标准》要求，1—6年级背诵160篇（段），7—9年级背诵80篇（段）文章。]

（2）熟练背诵高中语文必修（1—4册）中要求背诵的文章，《义务教育语文课程标准》要求背诵的文章和教师推荐的文章约50篇（段）。

（3）将义务教育阶段教材、高中教材中要求背诵的文章，整合成每周背诵的文本讲义，以便学生背诵。

（4）建立和完善班内学习小组，发挥学习小组在开展背诵、阅读中的积极作用。一周内要求背诵的文章，小组长先检查，再把小组成员的背诵情况反馈给学科课代表、教师，作为评价学生背诵情况的依据。

（5）熟读一部经典名著（《红楼梦》《三国演义》《水浒传》《儒林外史》《围城》等）。阅读两遍，要求第一遍能复述作品的故事情节，能缩写故事，能概括每一章节（回）的内容；第二遍熟悉作品中的人物，掌握主要人物的心理发展变化历程，能分析各类人物的形象特征。阅读一部论述类作品（如朱光潜的《谈美书简》），摘录、概括文中的观点和运用的论据材料，并针对每一部分写出读书笔记。举行四次班内读书报告会，其中两次在寒、暑假结束后的第二周内，了解学生的读书情况，交流阅读成果，师生共同商定下阶段的阅读计划。

第二阶段（2010年9月—2011年8月）

（1）巩固义务教育阶段教材必背的240篇（段）文章。复读、复背高中语文必修（1—4册）要求背诵的50篇（段）文章。

（2）熟练背诵高中语文必修（第5册）的14篇（段）文章、选修教材《唐诗宋词选读》中的约60篇诗词。

（3）对阅读的经典名著（《红楼梦》《三国演义》《水浒

传》《儒林外史》《围城》等)进行第三至四遍阅读,能够分析片段、场景描写的作用,能够分析人物语言的个性特点,领会作品的语言风格。对已阅读的论述类作品(如朱光潜的《谈美书简》)进行第二至三遍阅读,能对每部分的论述观点和论据材料进行分析,并写出读书心得体会,认真把握观点与材料之间的关系,重点关注文章思想的深刻性、观点的科学性、逻辑的严密性、语言的准确性。举行四次班内读书报告会,其中两次在寒、暑假结束后的第二周内,了解掌握学生的读书情况,交流阅读成果,师生共同商定下阶段的阅读计划。

(4)建立各类阅读感悟本、欣赏本、读书笔记。鼓励学生积极、富有创意地解读文本,引导学生在阅读文学作品时努力做到知人论世,并通过查阅有关资料,了解与作品相关的作家经历、时代背景、创作动机以及作品的社会影响等,加深对作家、作品的理解。

(5)教师要有针对性地实施个性化的阅读指导,鼓励学生开展丰富多彩的语文课外阅读活动,举行演讲、辩论、朗诵会,适时举办读书讲座,为学生个性发展提供舞台。

(6)搜集、整理、编辑议论文集,供学生反复阅读和体会。

第三阶段(2011年9月—2012年5月)

(1)学生能复背300篇(段)文章。

(2)学生精读教师编辑的议论文集,并熟练背诵其中20篇,从而具备基本的逻辑思维能力。

(3)学生的议论文写作练笔不少于20篇。

3. 具体做法。

古诗文诵读

复读、复背优秀古诗文 240 篇，绘制复读复背检查表，组长检查记录，教师抽查。（有存档。）

熟练背诵《古诗文诵读》（上、下），充分利用语文早读及课余时间，同桌互查，组长再查，做好记录。语文教师再利用课前五分钟抽查，课代表汇总记录后交给语文教师。（有存档。）

每周有一节课专门用于师生诵读（以小组或宿舍为单位接力背诵、限时背诵、联系背诵等），展示，交流等。

每月以组为单位出一期"古诗文风韵"黑板报。

组织"诗配画"活动，把握诗歌内容与意境，据此配上合适的图画，将优秀作品进行展览。

学生背诵、感悟古诗文，从内容、情感、手法三方面写作短小的鉴赏文字，自由选择内容与形式，谈出自己的独到见解。

学生自主命题。学生把自认为重要的、易错的诗句找出来，每人命制一套古诗文背诵检测题。学生互考互批，巩固记忆。

古诗文阶段性检测。教师以试题的形式考查学生掌握情况，分为名句默写、全篇默写、鉴赏等。

组织"2010 年庆元旦书香满校园诗文朗诵会"，学生导演、主持，从选拔选手、选取背景音乐到制作动画课件，都以学生为主，组织了一台长达两个小时的成功晚会。（朗诵会文字、规则、晚会照片、视频等所有资料均有存档。）

经典名著研读

2009年11月10日，印发《"开展读书活动，营造书香校园"实施方案》，号召广大师生开展读书活动，推荐教师阅读图书138部，学生阅读图书上百部。

2009年12月，"读书活动推荐书目"活动开展，推荐内容包括故事简介、推荐语及推荐教师姓名。制作木质彩板40余张在学校展出，营造了阅读经典的浓厚氛围。（文字、图片、展板等所有资料均有存档。）

2010年2月至3月，印制《老人与海》《边城》等阅读材料，倡导学生寒假阅读，做好读书笔记，每人设计一张读书画报，开学评比后，择优在校园报刊栏展出。

2010年4月至6月，全体教师集体备课，制定《红楼梦》阅读指导方案，具体指导学生阅读名著。

2010年7月至9月，要求学生充分利用暑假，至少读两遍《红楼梦》。在开学后组织读书笔记评比活动，选出优秀读书笔记进行展览。（优秀读书笔记及获奖名单均有存档。）

2010年10月，利用国庆节倡导学生深入阅读《红楼梦》，并要求学生写出阅读《红楼梦》的心得、感想等，就整体情节、局部内容、写作手法等方面展开探讨，完成千字左右的读书随笔。

2010年10月至11月底，先后组织《红楼梦》读书报告会班级初选、校级选拔等活动，实验组全体教师进行全程指导。

2010年12月1日、2日，组织师生共同参与以"阅读经典名著，共享智慧人生"为主题的《红楼梦》读书报告会。

这既落实了我校承担的课题,又丰富了校园文化生活,增强了学生阅读经典的兴趣。(报告会文字、照片、视频等所有资料均有存档。)

2011年1月,师生共同努力,把报告会的内容印制成《红楼梦》读书报告会专刊,学生人手一本,把阅读经典活动推向高潮。(专刊存档。)

阅读经典名著的同时,重视现代文诵读,要求学生利用早读充分阅读,并利用寒假摘抄自己喜爱的篇章。

2011年2月下旬以来,开展《红楼梦》深层阅读活动,让学生自己提出问题,进行深度探究。

2011年暑假,让学生阅读朱光潜的《谈美书简》,写读书笔记和一篇阅读心得。

其他活动

(1)让学生始终坚持周记、随笔或读后感的写作、交流和展示,把这当作落实课题效果的重点工作去抓。

(2)积极鼓励学生参加社会活动,引导学生由学校、家庭走上社会,开阔视野,去观察周围的世界,在生活中学会"感动",有所"发现",从而感受人生,积淀情感,表达真情。

(3)每周组织学生互改互评作文或周记,在交流中观摩借鉴好作文,反思自己作文的不足,在相互展示和评价中提高写作水平。

(4)组织"纪念中华人民共和国成立60周年"征文比赛和"感恩书信"征文比赛。

4. 总结阶段。

(1)做好课题验收的准备工作,整理实验过程中的有关资料，请市、县两级教研员前来指导，共同研讨。

（2）学生编辑平时阅读时写作的各类读书笔记，教师对学生的实验课题进行总结，并形成各类文集、论文、案例、报告等。

五、课题研究的成果

1. 有效地开发拓展了课程资源，优化了课堂教学。面对抓好素质教育的时代发展需要，我们充分利用中华优秀传统文化，引导学生在诵读中感受祖国语言文字的魅力，并以古人为榜样，学习古代圣贤的好学品质，丰富人文知识，提高人文素养。在课题研究的过程中，教师还根据学生的学习兴趣、探究需求，收集整理了大量相关图片、视频、动画等，制作成教学课件，有效地开发了课程资源，优化了课堂教学。

2. 初步探索了有效课堂教学模式和集体备课模式。两年里，在课题组全体教师的共同努力下，我们已经基本上形成了自己的学科教学模式。充分利用网络资源，多渠道收集教学信息，各组形成合力，资源共享，有效地做好课前准备工作。

步骤如下：

（1）主备人提供原始教案后，课题组老师集体讨论提升，形成记录一。

（2）主备人结合集体讨论的结果修改提升教案，形成记录二。

（3）主备人讲授先导课，课题组全体教师参与听课后，再次进行修改提升，形成记录三。

（4）每位教师在重新修订的教案的基础上，结合自己的教学特点，确定符合自己的教案上课。

3. 为教师、学校争得更多机会与荣誉。组织诗歌朗诵会与大型《红楼梦》读书报告会，印刷《红楼梦》专刊，一大批教师论文获奖，部分教师还代表我市在省级会议上做经验介绍，并参加市级教学成果示范课。

4. 学生的文学素养得到了极大的提升，有效地促进了学生成长。学生参加的各种比赛捷报频传，学校组织的各项活动中，处处闪耀着参加课题的学生们的身影。"历史的选择"演讲比赛，获得一等奖的五名同学中，有四名是课题组的同学，其中何成胜同学代表我校参加比赛，又获得莒县第一名、日照市第二名，是我校历史上的最好成绩。在2010年的"叶圣陶杯"全国中学生新作文大赛中，学生们再获佳绩，两名同学荣获全国一等奖。

学生们阅读的这些古诗文和经典名著，将会镌刻在他们的脑海、融入他们的血脉，在潜移默化中不断提升他们的语文素养、文化品位和人生境界，成为他们永远的精神家园。

5. 提升了教师的文学素养，优化了教学过程，增强了教学效果，提高了教学质量。课题组科学严谨、合作探索的良好氛围，锻炼培养了一批具有开拓创新精神的新型教师，有效地带动了研究工作的深入开展，有力地促进了教师的全面成长。教师的研究论文、教学设计、竞赛课等，多次获得各级各类奖项。在2010年学校组织的优质课比赛中，参加课题组的三位教师全部获得一等奖；在代表学校参加莒县优质课选拔时，又有两位教师获得一等奖。

六、课题研究存在的主要问题

由于我校学生基础较差，还是有部分学生没达到课题的要求，但是也取得了较大的进步。教师在引导学生的兴趣方面，还需要继续下功夫。

七、今后的设想

1. 加强培训学习。加强"请进来，走出去"的广度和高度，加大对教师培训的力度。

2. 总结提升推广。对我校的有效课堂教学模式，在实践中完善，在总结中提升，在校内甚至校外推广，让课题促进学校教学质量全面提高。

总之，一路汗水，一路探索，一路芳香，一路收获。因为这一课题，学生们得到了各种锻炼的机会，更好地提升了语文素养。通过两年多的实验与探索，我们也充分证明了"高中语文三级分层达标实验"是具有现实意义和长远意义的，从操作过程和实验成果来看，亦是科学有效的。

此文为课题研究总报告。

纠偏补弱，做好初高中的衔接过渡
——高一语文教学的几点做法

汉语是中华民族的母语，与我们的生活息息相关。学好语文，能把我们的母语发扬光大，能更好地与人交往，因此语文教学是高中课程中重要的一部分。但是在具体的教学实践中，我发现很多学生的观念是错误的：有些学生认为，我们在生活中说的是汉语、写的是汉字，不用认真学语文也能轻松学好；还有一些学生认为，学好数理化这些实用科目就行了，语文学了也没用。这些错误的观念导致很多学生语文基本功很差，甚至连一些简单的字词都不会写、不会念。

针对这种情况，我首先向高一新生分析了语文的重要性和学好语文的必要性，让他们从思想上重视语文学习。接下来，我给高一新生恶补了初中知识，但初中六册语文教材的知识量很大，高中的课程安排也非常紧凑，考虑到语文知识并没有严格区分初、高中的界限，最后我决定放慢教学进度，更重视学生对基础知识的掌握，让学生在学习高一课程的同时，穿插复习初中的内容。

以第一单元为例，《劝学》一般来说，两个课时就能完成教学，但我足足用了四个课时，学生还利用语文早读时间预习了这篇文章。第一课时，学生只学第一、二两个小自然段。教学的过程中，我们讲求——落实、字字对应，让每个学生都有回答的机会，让每个学生都会翻译。在第二段中，"輮使之然也"，"然"是学生必须掌握的重要考点。学生要知道"然"在此句中的意思是"这样"，还要联想到"然"字在初中哪篇文章中曾出现，并说出带有"然"字的这句话，说明"然"在具体的语境中是什么意思。有些学生想到了《伤仲永》中的"父利其然也"（然，这样），《唐雎不辱使命》中的"秦王怫然怒"（然，形容词、副词词尾，形容"……的样子"），《陈涉世家》中的"吴广以为然"（然，对的，正确的），《隆中对》中的"然志犹未已"（然，然而、但是）。也有些学生一个也想不起来，急着翻找初中课本，我就引导学生利用语文早读时间复习初中知识。这样一边讲授新内容，一边联系旧知识，可以激发学生主动学习的意识。

除了重点实、虚词和句子翻译外，我还让学生在学习古文时联系现代汉语中的一些词语。在第二段中出现了一句"虽有槁暴"，其中的"暴"字，现代汉语中有一个成语与之有关——一暴（曝）十寒（比喻没有恒心和毅力）。"輮使之然也"中的"輮"，虽然在现代汉语中的使用频率不高，但与之形相近的"揉"字也是重要考点，如矫揉造作（形容过分做作，很不自然）。用这样的方法，学生不但学习了一篇新的文言文，还掌握了一些常用词语的用法。虽然教学进度很慢，但学生能把知识掌握得很扎实。学生在第二课时学第三自然段，在第三课时学第四自然段，也使用学习第一自然段时的方法。到了第四课时，我再用整整一个课时的时间，为学生检查重点实虚词、重要句子的掌握情况，再通过默写检查翻译及课文背诵的情况，并分析基础训练的题目。用同样的方法学习《师说》也需要三至四个课时，如果学生觉得掌握得还不够，教师还可以再加一个课时。

对于自读课文，学生需要教师点拨时，教师就进行适当点拨；不需要时，教师就给学生一个课时的时间自读，但一定要加一个课时的听写和讨论。要拓展给学生听写的内容，多听写同音异形或多音多义的词语，培养学生的联系能力。比如，第一单元的自读课文是《谈读书》，我们就给学生一节课的时间自读，第二节课听写。听写"湮没"（埋没，词义抽象，如"湮没无闻"）时，一定再听写"淹没"（大水漫过、盖过）；听写"书籍"（古代的文字写在竹简或丝织品上，因此"籍"用竹子头）时，一定再听写"狼藉"（乱七八糟，杂乱不堪，"藉"指像草一样被践踏，所以用草字头）；听写"流弊"（指某事引起的坏作用或相沿下来的弊端）时，一定再听写"敝帚自珍"（把破扫帚当宝贝一般爱惜，比喻东西虽不好，可是自己珍视）和"隐蔽"（把破的、旧的东西用草盖起来，所以用草字头的"蔽"）……这种方法，能让学生把知识点联系起来记忆。

关于作文训练，我们把重点放在片段练习上，比如强调的错字、病句的修改、语言的简洁、材料的详略处理等。很多学生用口语化的语言写作文，我就针对这一问题进行病文修改，然后让学生对照揣摩。在修改中，学生的写作水平得以提升。

"路曼曼其修远兮，吾将上下而求索。"面对学生语文基础薄弱的情况，我将继续不断探寻适合学生特点的教学方法，扎扎实实走好教学过程的每一步。

一片丹心在杏坛

"墙内"开花也需"墙内"香
——谈部分教师家庭教育子女的缺失

阳春三月,柳枝吐绿,桃花含苞。走进春天,在阳光灿烂的日子里欣赏花开的璀璨;走进春天,在春光璀璨的日子里细嗅花开的芬芳。每到春天,我尤其喜欢静静地欣赏家中那棵葱茏茂盛的迎春。它伸直自己柔软的枝条,紧紧抓住墙壁,向高处蔓延。一夜间,翠绿的叶子间开出了一朵淡黄的小花。慢慢地,整株迎春变成了淡黄,越往高空,黄色越浓。满满的,一支一支,我屏住呼吸,却依然嗅不到它的香味。这时,蜂蝶却纷纷过墙而去。我恍然大悟,原来这就是"墙内开花墙外香",连蜂蝶也纷纷闻香而去了。

由此,我想到了教师教育子女的问题。不少教师在学校里是优秀的,深得学生尊重,深受领导好评,但教育自己的子女,却往往是失败的,导致"墙内开花墙外香"。本人从教12年,女儿7岁,越发感受到这一问题的严重性。通过对这一问题的关注,加上与众多同行的交流、探讨,我开始思考产生这一现状的原因及有效解决这一问题的方法。下面讲几个典型案例,以及我的看法。

一、过分严格型

薛某，初中教师，41岁，班主任，带过多届毕业班，教学成绩优秀，是学校的中坚力量。他的孩子薛军今年16岁，上初中三年级，成绩中等偏下，曾离家出走三天。从教21年，薛老师教育培养了很多优秀的学生，所以他总是严格要求儿子，拿班上优秀的学生给儿子树立榜样。当薛军没有取得理想的成绩时，薛老师就会认为自己身为教师却教育不好自己的儿子，脸上无光，于是大发雷霆，甚至拳脚相加，还会对着儿子发出这样的感叹："我教出的学生那么优秀，你就不能给我争口气吗？"一副恨铁不成钢的样子。当又一次成绩不理想时，薛军选择了离家出走。"有个当老师的爸爸太痛苦了，他对我各方面要求都很严，有时让我感觉喘不过气来。别的同学在学校面对严厉的老师，回家面对的是和蔼的父母，而我呢，在学校面对严厉的老师，回家见到的还是严厉的老师爸爸。我只想逃离这个有老师的家。"回到家的薛军如是说。在离家出走的三天里，他感觉到了从未有过的轻松，就像放假一样。"其实我也理解爸爸。在学校里，他那么优秀，我却没有给他争气。但我就是讨厌爸爸用老师的语气对我说话，我离家只是为了透透气。"他的笑中带着难言的苦涩。北京师范大学教育学教授胡玉顺曾说，教师经常把职业角色带回家，到了家中，他们也会以为自己还在单位，手势、说话的声调也都和在学校时一样，所以往往让孩子难以接受。在子女的眼里，你们只是父母，已经不是教师了。他们在你们身上渴望得到的，不再是师道尊严、道德说教、行为约束和文化知识了，而是亲情、家庭的温暖和父母的爱！然而作为教师，那种职业思维定式往往会被带回家中，孩子根本感觉不到自己的父母回家了，而是感觉自己从一所学校到了另一所学校。孩子心中渴望的那份父母的疼爱和家的温暖，早已无影无踪了。

二、缺乏耐心型

国家中小学生心理健康教育课题组曾经对我国14个地区的168所中小学里的2292名教师进行了抽样检测，发现有52.23%的教师存在心理问题。专家们分析，教师心理不健康的重要原因是工作繁重，心理压力大。据了解，教师是目前我国较辛苦的职业之一。从事其他职业的人，上班就是工作，下班就是家庭、朋友等，而教师，上班时间和下班时间没有明显的界限：上班的时候，对事业要兢兢业业，对学生要诲人不倦，对学生家长要耐心交流；下班的时候，心里想的还是学生，要挤出个人时间跟学生谈话，要耐心处理学生之间的矛盾。一个人的耐心毕竟是有限的，教师把所有的耐心给了学生，回到家，对自己的孩子就失去了耐心，孩子就会变成自己发泄的对象。以我自己为例，我从事高中语文教学，每周除了正常的备课、授课之外，还要批改学生的摘抄、周记、作文。我带的两个班共有132个学生，班里每天都会有新的问题需要我处理，所以回到家的我常常身心俱疲。拖着疲惫的身体，还要做饭、收拾家务，终于忙完，靠在沙发上休息时，我最希望的就是任何人都不要打搅我。女儿很喜欢听故事，每每我休息的时候，她便会拿本故事书对我说："妈妈，给我读个故事吧！"我最常说的是："妈妈很累，你自己去玩吧。"不耐烦的时候还会说:"你没看到妈妈很累吗?自己去玩!"现在的女儿已经很少让我给她读书了,她宁可听普通话不太好的爸爸给她读书。辅导女儿学习时,我希望讲一遍,女儿就能听懂,如果讲到第二遍她还不懂,我就会气得大声训斥:"怎么这么简单的题都不会做?"有时候我也惭愧,这种话我从来都不会对学生讲,为什么要用这种话打击自己的孩子呢?前几天,因为女儿不小心打翻了一碗稀饭,我"啪"的一耳光就甩了过去。妈妈生气地对我说:"不就是打翻了一碗稀饭吗?你犯得上这样做吗?当老师的,耐心只给学生了,就不能对自己的孩子耐心点吗?"我曾做过一个简单的调查,教师子女的逆反心理很强。教师子女长大之后普遍不愿意当教师,他们的压力都很大,有的孩子甚至不愿提起自己的父母是教师。

三、放任自流型

高某,高中教师,39岁。他的女儿高云14岁,上初中二年级,成绩很差,有很多不良习惯。身为教师的高老师看过大量学生厌学的事例,所以他决心让女儿自由发展,绝不干预。女儿上小学后,他更是由着女儿的性子做事,老师布置的作业,女儿愿做就做,不愿做就尽情地玩。高老师不但自己不约束女儿,还劝妻子:"小孩子爱干什么就让她干什么,不用担心,树大自直嘛!"渐渐长大的女儿不但没有养成良好的习惯,而且习惯性撒谎,看电视、玩游戏无度,听不得父母一句批评……这种情况是高老师始料不及的,他头痛不已。大量调查数据表明,小学阶段是人一生中自制力最差的阶段,这一阶段,孩子极容易形成不良学习、生活习惯,甚至会偏离人生的

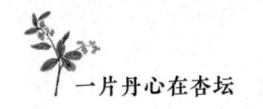

正确方向。小学生的良好习惯不可能在一朝一夕间养成，教师和家长需要共同根据孩子的心理特点，一步一步地引导，让孩子在潜移默化中养成习惯。高老师在认识到对女儿放任自流导致的错误后决心弥补，他开始强迫女儿学习，女儿犯错后，一定逼其承认错误。这样做的结果是女儿的逆反心理加强，尤其不爱学习，一听到学习就反感，甚至有一次女儿哭着大喊："你以为我爱这样吗？小的时候你为什么不管我？"对女儿早期教育失败，高老师之后做出了很大努力挽回，但收效甚微，甚至造成了父女对立的局面。实际上，学习习惯的养成是一个日积月累的过程，孩子的每一点进步，除了老师的辛勤培育之外，家长的努力和付出也是至关重要的。正是高老师对女儿早期教育的忽视甚至放任，导致了女儿高云不良习惯的养成。

教师教育不好自己的孩子，这样的现象屡见不鲜。怎样才能有效解决这一问题呢？

对自己孩子过分严格的教师必须明白：教育子女，要用一颗平常心。教师要以平常心态对待子女教育问题，学会在"教师"和"父母"之间进行角色转换。教师在学校应该是一名好教师，但在家中，首先应该是一位好家长。回家后，应及时进行角色转换，将工作的压力放到一边，面对子女时不能用课堂上的口吻，更不能动辄呵斥、责骂孩子。要以父母的角色与孩子进行交流，关心他们的生活，了解他们的思想状况。要认可孩子目前的情况，不要把孩子和班级中最好的学生相比，不要给孩子过多的学习压力。要以正常的心态教育孩子。当孩子成绩下降时，不过多指责，而应该帮助孩子找出成绩下降的原因，帮助他们找到解决问题的办法。试想，当一天的工作结束,回到家,我们最想要的是什么?当然是宽松愉快的氛围。孩子也是这样。当一天的学习结束,回到家,他们最想得到的,也是宽松愉快的环境。孩子宽松的成长环境来自家长的平常心,家长有了平常心,就会客观地看待孩子的长处和短处,就不会对孩子提出不切实际的期望和超出孩子能力的要求。

对自己孩子缺乏耐心的教师要尽量划清上班和下班的界限。教师毕竟只是一种职业,从事职业的目的是更好地享受生活。从这个角度说,我们要分清我们的工作和生活。可喜的是,素质教育的推行很大程度上减轻了教师的工作压力,但最重要的还是教师自我减压。教师应尽量利用好上班时间,高效率地处理教育与教学,下班后尽量多考虑家庭,把对学生的耐心也用到自己孩子的身上。当你对自己的孩子不耐烦时,请记住这样几句话吧:当孩子打破砂锅问到底时,没耐心的你厌烦的表情,烦掉了他的好奇心;当孩子要求你陪他玩耍时,没耐心的你忙着自己的事,忙出了他的孤独感;当孩子让你再讲个故事时,没耐心的你找借口推托,推掉了他的求知欲……想想这些严重的后果,我们就会把对学生的耐心也用到自己孩子的身上。

对孩子放任自流的教师尤其要认识到早期教育的重要性。教师不仅要对子女的早期教育足够重视,而且要对基础教育时期孩子的老师表现出充分的尊重,让孩子从心理上认可老师。还要经常和孩子的老师沟通,了解孩子学习上、生活中遇到的问题,并指导孩子想办法去解决。教师培养孩子良好的习惯时,要注意孩子身体、智慧和人格的全面成长。身体方面,卫生保健的习惯很重要,这个习惯意味着孩子不挑食、不贪食,有良好的饮食习惯，有规律的作息习惯，看电视、玩游戏有节制等。智慧方面，应该使孩子养成良好的学习、做事习惯，这样才能保证孩子有充分发掘智慧的潜能。人格方面，关注孩子的心理，关注孩子优秀品质的养成，会使孩子受益终身。这些都是日常中的点滴教育，不需要用大道理说教，一个很好的沟通途径就是借助孩子的作文了解孩子，帮助孩子成长为一个健全的人。身为教师，不要因看到部分学生的厌学情况就对自己的孩子放任自流；身为中学教师，尤其要认识到孩子小学教育及早期习惯养成的重要性。

教师应努力避免自己在教育子女时的身份缺失，充分发挥自己的职业优势，扬长避短。努力在自己的家庭中少一些教师的尊严，多一些亲情的关爱；少一分烦躁，多一分耐心；少一点放任，多一点重视。努力给自己的孩子营造一个温馨、轻松、自由、能放飞心灵的空间。教师不仅要教好自己的学生，也要教好自己的孩子，做到"墙内开花墙外香"的同时，也做到"墙内开花墙内香"。

（此文写于 2010 年）

若想寸草节节高，就要三春晖普照
——由女儿的成长想到的

由女儿的成长，我想到了提升母亲素质的重要性。母亲在教育培养孩子方面，肩负着他人无法替代的重任，因此提升母亲素质，刻不容缓。

针对如何提升母亲素质这一问题，提出三条建议：尊重女性，开办母亲学校，关注失学女童。

小女刘璐，今年6岁。像现在的大多数孩子一样，我女儿做什么事都依赖父母，还有点小自私。但自从那两件事发生以后，我改变了对女儿的抱怨，进而开始反思自己的教育方式。

那天早上，像往常一样，我5：30起床，洗刷之后找出女儿要穿的衣服放在床上，然后开始准备早餐、打扫卫生。正忙着装昨天的生活垃圾时，女儿醒了，我匆忙把手里的垃圾袋就地一放，冲进卧室帮女儿穿衣服。睡眼惺忪的女儿一走出卧室，就看到了倒在地上的垃圾袋。"妈妈，你看它跌倒了，谁把它扶起来呢？"我突然发现，原来女儿很有爱心，只是主动去做的意识不够。我趁机引导女儿："那你说，它跌倒了痛不痛呢？"女儿肯定地点了点头。"刘璐能不能把它扶起来呢？"

我进一步引导。女儿高兴地跑过去扶正了垃圾袋。我及时表扬："刘璐真是一个爱帮助别人的乖孩子。"女儿更高兴了，那天早上，她坚持自己去倒垃圾。

又过了几天，我带女儿出去吃饭，小孩子在房间待不住，自己跑出去玩了。过了一会儿，我不放心，出去找她，正好看到她在拧水龙头。我生气地喊："刘璐，不要浪费水！"女儿委屈地辩解："妈妈，刚才小水管哭了，我把它拧紧了。妈妈不是告诉过我要节约用水吗？"

我突然意识到，一味地抱怨孩子不够独立、自私，不正是母亲的失败吗？现在女儿进步了，这不正是我——一个母亲教育与引导的结果吗？我想起了德国著名教育家弗里德里希·福禄贝尔的一句话："国民的命运，与其说是操纵在掌权者手中，倒不如说是握在母亲的手中。"记得刚看到这句话时，我颇感危言耸听，现在细品却觉颇有道理。作为母亲，我们是不是更关心孩子的身体健康，更关心孩子的学习成绩，更愿意身体力行地为他们做一切事情，而忽视了他们的思想品德及良好习惯的形成呢？如果不能使孩子成为爱美、爱正义、爱真理的人，那么国民的希望又在哪里呢？作为母亲，在教育培养孩子方面，我们肩负着他人无法替代的重任。母亲必须具备良好的素质，才能影响孩子养成良好的品德，促使孩子健康成长。因此，提升母亲素质，刻不容缓。

令人欣慰的是，这一问题已引起了有关专家的重视。2004年全国两会期间，全国政协委员、安徽大学副校长韦穗就在政协会议上发言："我国面临的人口素质危机，与母亲素质不高有很大关系。"她呼吁将对母亲的教育列入基本国策，同时建议起草《母亲教育法》。近几年，关于母亲素质提升的问题备受重视。那么，我们应该怎样帮助母亲学习，从根本上、整体上提升母亲素质呢？我的建议如下。

一、尊重女性

传统社会中，女性地位卑微，很多人认为生女儿是耻辱。这种根深蒂固的思想也影响了当今很多母亲，尤其是农村母亲。她们偏爱男孩，往往让女孩去城市打工挣钱以供男孩上学。女孩结婚后不能随便回亲生父母家，尤其是传统节日，更不能去。女性已经接受了这些思想的毒害，进而用这种思想影响、教育女儿，致使女儿长大为人母后，又用同样的思想去影响下一代。不可否认，有些母亲素质低下，没有很好地履行做母亲的职责，没有以自己良好的形象给孩子树立学习的榜样，甚至给孩子灌输陈规陋习，导致教育出的孩子非常失败。

就我们的社会而言，对女性也存在着一定的不公平，女性就业歧视、社会地位不高、应该解决的问题得不到应有的解决等问题较为普遍。

冰心说："世界上若没有女人，这世界至少要失去十分之五的真、十分之六的善、十分之七的美。"只有全社会都形成尊重女性的风尚，尤其在女性的就业、权利维护、社会保障等诸多方面，让女性享有和男性平等的待遇，才能让女性从思想上解除对某些陈规陋习的认同，才能更快地提升母亲素质。

二、开办母亲学校

开办母亲学校，要充分发挥专家、教师的作用，结合实际开展讲座、培训、咨询活动，专门为母亲教育提供帮助，指导母亲提高育人素质和教子观念，让母亲定期到母亲学校接受教育。孔子曾强调"少成若天性，习惯如自然"，意思是从小就要抓紧对孩子道德的教育和培养。只有提升母亲素质，才能保证对孩子的教育和培养。

开办母亲学校，能够帮助母亲更好地教育孩子。一方面，开办母亲学校能使母亲更了解孩子的成长规律。譬如早期教育的主题是快乐，家长要在游戏中帮助孩子循序渐进地认识环境，如果按照父母的片面意愿教育孩子，只会加重孩子的负担，让他们形成厌倦心理。而青春期孩子的情绪和情感比较强烈，常有明显的两极性。他们很容易"动感情"，自我意识迅速增强，也更叛逆。所以青春期的孩子对母亲的态度，往往由儿时的崇拜、尊重，变得无所谓，甚至会经常反驳、否定母亲。这一时期，母亲对孩子的教育要以引导为主，松严有度。只有了解孩子的成长规律，才能更好地教育孩子。另一方面，开办母亲学校能让母亲掌握教育孩子的相应技能。心理学家判断，孩子在摇篮里时，母亲的教育是最重要的。许许多多言传身教的优秀母亲，培养出了许许多多成龙成凤的子女，使子女成为对国家、对社会的有用人才。所以开办母亲学校，是提高母亲素质的有效途径。

三、关注失学女童

今天有一名女童失学，将来就可能有一个家庭陷入愚昧贫困之中；如果今天有成千上万名女童失学，那么整个中华民族的发展都有可能受到阻碍。所以解决女童失学、辍学问题，是提升母亲素质的长远做法。

　　受自然条件的限制，以及社会、经济、文化发展不平衡等原因，我国农村特别是贫困山区，尚有少数文盲存在，而女性文盲占文盲总数的三分之二以上；失学儿童中，失学女童占三分之二。面对这种形势，我们必须清醒地认识到，扶持女童入学，是提高民族素质、造福子孙后代的一项基础工程，让失学女童顺利完成九年义务教育，是提高女童素质的关键。国家应加大普及力度，保证所有女童接受最基本的教育，社会也应该多关爱女童，让女童在平等中成长。保证了女童素质，就保证了未来母亲的素质。

　　唐代孟郊的《游子吟》中写道："谁言寸草心，报得三春晖。"孩子如同小草，母亲便是三春的阳光。小草的节节长高，需要春天温暖和煦的阳光，孩子若想更好地成长，同样需要母亲素质的不断提升。让我们一起努力，让三春的阳光普照大地，让碧绿的小草节节长高。

（此文写于 2009 年）

一种事半功倍的学习方法：上钩下连法

从教十余年，我被学生问的最多的问题是："学习语文，有什么捷径可走？"我的回答从来不变："学习没有终南捷径，特别是语文的学习，更是一个长期积累和感悟的过程。"但俗话说得好："磨刀不误砍柴工。"在长久砍柴的过程中，不妨把用钝的斧头磨得锋利一些，继续更快地砍柴。学习没有捷径，但埋头苦学的同时，我们也可以寻找规律、总结方法，使自己更快地进步。

这里介绍一种行之有效的学习方法：上钩下连法。所谓的上钩下连法，就是以一个知识为根本点，充分运用联想，追忆与这个知识点有联系的一切知识点并推想开去，以学到更多的知识点。举例来说，现代汉字的形、音、义是高考的必考内容，假如我们在读书做题的过程中看到"开辟"这个词语，第一反应就是"辟"是一个多音字，它除了在"开辟"中读pì外，还在"复辟"中读bì。根据读音联系到"譬如"（举例）的"譬"（pì）、"偏僻"（偏远）的"僻"（pì），再联系到"劈波斩浪"（比喻排除前进中的困难和障碍）的"劈"（pī），这个"劈"要与"披荆斩棘"（比喻扫除前进中的困难和障碍或者形容克服创业中的种种艰难）中的"披"区别开来。还有"癖好"（对某种事物特别爱好）中的"癖"（pǐ），

"癖好"可以解释为"嗜好",我们不妨再在"嗜"字上继续推想。这个字去掉"口"就变成了"耆"(六十岁以上的老人),读 qí,八九十岁的老人就叫"耄耋"(mào dié)。这不能不让我们想到古人对不同年龄的不同说法。"二十弱冠,三十而立,四十不惑,五十而知天命,六十花甲,七十古稀。"如果能够运用这种方法记忆,汉字的形、音、义,甚至一些简单的文化常识,我们就能基本掌握了。

复习文言文时,同学们不妨也用一下这种方法。文言文复习的一个重点应该是文言实词和文言虚词。以《烛之武退秦师》为例,这篇文章中文言虚词"之"出现的频率非常高,有20次,共8种义项。一是人名:烛之武、佚之狐。二是代词,代事(佚之狐的建议):公从之。三是用在主语和谓语之间,取消句子独立性:臣之壮也,犹不如人。四是结构助词,翻译成"的":吾不能早用子,今急而求子,是寡人之过也。五是结构助词,不翻译:朝济而夕设版焉,君之所知也。六是宾语前置标志:夫晋,何厌之有。七是代词,代物(土地):若不阙秦,将焉取之。八是代词,代人(秦穆公):因人之力而敝之,不仁。

为了巩固对"之"的义项把握,也可以联想学过的文章中"之"字的用法及意义。"之"的义项不止这8个,还有什么呢?想一想曾经学过的文章:《鸿门宴》"项伯乃夜驰之沛公军"中的"之"(动词,到……去),《逍遥游》"之二虫又何知"中的"之"(指示代词,这),《石钟山记》"石之铿然有声者,所在皆是也"中的"之"(定语后置的标志),《狼》"久之,目似瞑,意暇甚"中的"之"(语气助词,起补充音节的作用,不翻译)……这样上钩下连,学生总结出文言虚词的"之"共有 12 个义项，印象深刻，比直接看书中的理论总结更实用有效。

当然，文言文中，实词比虚词更重要，以平时最常见的"见"字为例。我们复习《陈情表》时一定会讲到"慈父见背"，这里的"见"字放在动词前，表示"对自己怎么样"，在具体的语境中可译成"我"。现代汉语仍沿用这种用法，书信中经常见到的"望见谅"，就是"希望你原谅我"的意思。把这个义项把握到位以后，我们开始联想。"见"的本义是"看见"，如《廉颇蔺相如列传》中的"我见相如必辱之"，这篇文章中还有一句"大王坐章台见相如"，这里的"见"是"召见"，由"看见"引申出来。"看见"还可以引申出"拜见"，如"冉有、季氏见于孔子曰"。"见"字还可以表被动，比如《廉颇蔺相如列传》中的"徒见欺"。继续联想，《失街亭》"汝真女子之见"中的"见"是"见解、见识"。"见"还有一个重要的义项，通假字，通"现"，比如俗语"读书百遍，其义自见"。这样，"见"的 5 个基本义项，我们就全部掌握了。

这种方法也适合用于其他学科，特别是历史。利用一个历史事件上钩下连，甚至可以串起一个时代。

当然，这种方法刚开始实施起来很难，需要学生肚中先有知识，才能把这些知识全部串联起来。但是只要同学们坚持去想、去实践，你就会逐渐发现，很多知识点都是有联系的，也不会觉得学习枯燥乏味了。与以前那种遇到一个知识点就记一个知识点的做法相比，这是不是一种更好的学习方法呢？

（此文写于 2011 年）

五法并举打造高效作文课堂

作文是语文的半壁江山，在高考中占有极其重要的地位，在日常生活中也有非常重要的作用。作文教学如何做到有效、高效，是值得每一位语文教师思考并探索的问题。具体在作文教学中，我运用了以下五种方法。

一、积累生活，表达真情实感

叶圣陶先生说过："生活犹如泉源，文章犹如溪流，泉源丰盈，溪流自然活泼泼地昼夜不息。"这句话充分说明了生活是写作的源泉，所以我要求学生重视积累，细心观察生活，把观察到的人、事、物，用自己明白的方式随手记录下来，或感悟，或评论，每周不少于三次。积累生活，主要是为写作服务。看到平时训练或考场作文的写作要求，马上往自己积累的材料上联系，看看哪个或哪些材料能体现出命题的立意就从中选择使用。因为运用的是自己积累的生活材料，有话可写，不胡编乱造，情感自然就真实可信。

二、深入阅读，师生同写赏析

叶圣陶先生指出："学生须能读书，须能作文，故特设语文课以训练之。"深入阅读必能促进写作，写作又会反过来提高阅读能力。每学完一个单元或读完选定阅读的篇目后，我都和学生一起，选出自己最喜欢或印象最深的一篇文章，写出赏析。这种做法既能使学生养成深入阅读、深入挖掘的习惯，又能提高学生的写作能力，还能让教师不断进步提高。这种做法的前提是教师自己必须坚持下去，好处有二：一是我们分析课文的时候能够头头是道，自然可以写出赏析；二是教师写的赏析能起到示范作用，学生自然就会效仿老师。

三、灵活上课，调动写作激情

学校的紫藤萝盛开时是那样的壮观，那就不妨读读宗璞的《紫藤萝瀑布》，然后带学生亲自去观察，写写自己眼中的紫藤萝。学生上课总迟到，或总是乱花钱，那就让学生展开辩论，看看哪一方引用的材料多、说服力强，然后选定自己赞同的观点进行写作。下雪了，那就更要机动处理了，我曾经这样上过一节雪天的语文课。

在一个雪花纷飞的日子，伴着丁建华的《雪花的快乐》的朗诵，一节语文课开始了。欣赏着窗外纷纷扬扬的大雪，倾听着丁建华声情并茂的朗诵，学生异常兴奋。

在这种课堂氛围下，我设置了三个教学环节：一是让学生谈观察到的雪的特点，然后运用学过的下定义方法给雪下一个定义（短句化长句是高考考查的一个知识点，引导学生在意兴盎然的观雪过程中，顺便把这个知识点复习一遍）；二是引导学生联想古典文学中关于雪的诗文名句并进行分析，在分析中强化学生的语言功底，让学生体会到诗歌中的炼字之妙；三是练习写作，这一环节要在一种诗意中引导学生产生自然写作的欲望，与第二个环节应紧密联系。

我是这样引导的："同学们都说得很好，我也想到了一首与雪有关的诗，白居易的《问刘十九》。"学生七嘴八舌地背起来："绿蚁新醅酒，红泥小火炉。晚来天欲雪，能饮一杯无？"

"天晚了，眼看就要下雪了。两位好朋友围着火炉，喝着新酿的美酒，室外真的飘起了雪花，但室内却是那样温暖、和谐。试想，那是一种怎样的感觉呢？雪总是与浪漫、美好联系在一起，那么，请同学们放飞想象的翅膀，想一想雪中会发生什么美丽动人的故事呢？"

学生纷纷动笔写作。

试想，这样灵活的课堂，学生能没有兴趣吗？这样的课堂上，比起教师一味地传授，学生的收获会少吗？孔子说："知之者不如好之者，好之者不如乐之者。"那就让我们带着学生开始激情地写作吧！

四、多种批阅，提高作文质量

"一篇优秀的作文，不是老师批改出来的，而是学生自己写出来的。"学生写作后我及时通览，然后发到小组，让学生进行审题、立意、选材的讨论，结合我自己通览后发现的问题进行分析。最后，小组批阅讨论，取人之长，补己之短。学生在修改、鉴赏其他同学的作文时，也会逐渐吸收别人作文的长处，改正自己作文的短处。学生内心不由得激发出写作热情，形成了超越对手的竞争意识，作文质量自然就会得到提高。批阅后的讲评也是至关重要的一环，挑选一篇中等的、具有典型性优点的作文投影出来，让学生逐段评议、赏析，提出修改建议并动笔进行修改。

五、爱好写作，建立读者意识

朱自清认为："写作练习是为了应用，其实就是为了应用于这种种假想的读者，写作练习可以没有教师，可不能没有假想的读者。"我觉得，作文教学一定要让学生懂得：写作要与他人分享交流。这种意识就是写作的读者意识，作文教学要培养学生写作的读者意识。选出优秀文章，或在课堂朗诵，或张贴在教室，或办成班级报，我曾与学生一起，把学生每次的优秀习作进行整理，编成写作周报。后来，我会把好作文推荐给学校的文学社，还经常关注作文大赛，或把优秀的学生作品推荐给一些杂志社。这些做法极大地激发了学生的写作热情。因为渴望自己的文字变成铅字、渴望被认同，学生们发生了可喜的变化，由被动写作变成爱好写作。爱好写作使得学生不由自主地认真观察生活、思考生活，由生活中不经意的小事提炼升华出大的主题，学生的写作水平变得越来越高。

在语文教学中进行口才训练的意义

有人认为,口才就是说话,无需训练,这种观点是片面的。是的,不经过训练也能说话,但是经过系统训练,能帮助我们更好地说话,使我们具有较高层次的说话才能,也就是"口才"。口才好的人,可以流利表达出自己的意图,可以把道理讲得清楚明白,可以消除隔阂,赢得信赖;口才不好的人,言语木讷,不善交际,即使勉强与人交谈,也因说话欠缺技巧和氛围,破坏他人的兴致,也损害了自己的心境。请看下面这则故事。

有一次,同学请我去看电影,眼看要迟到了,我只好加速骑车。突然,路上一个四五岁的男孩挣脱了母亲的手,嬉闹着跑到路中央。我要躲开是不可能的了,只好来了个紧急刹车,车子几乎贴在小男孩的脚后跟处停住。我吓出一身冷汗,所有的担心和后怕一下子转为满腔怒火。我怒视着那个小男孩,一场争吵即将发生。这时,小男孩的母亲及时赶了过来,一把拽过孩子,说:"看,要不是阿姨骑车技术好,你还不撞到车子上了!快,谢谢阿姨!"然后,又向我抱歉地笑了笑。我的怒火顿时冰消雪化,连忙说:"我也骑得太快!"这位母亲的一句话兼顾了各个方面,把就要发生的一场矛盾轻而易举地解决了。那天，我虽然看电影迟到了，但是心情舒畅，这全得益于那位说话得体的母亲。俗话说，一句话可以把人说笑，一句话可以把人说跳。可见，口才在人们日常生活和交际中是多么重要。

孔子曾说过"一言而兴邦，一言而丧邦"的至理名言。纵观历史，盘庚就是用慷慨的陈词说服了臣民们拥护迁都，挽救国家于危难；战国时的策士凭三寸不烂之舌游说天下，许多人成为诸侯各国的得力谋臣；到了近代，革命之士又凭借口才唤醒民众，推翻帝制。陈天华的演说词《猛回头》《警世钟》和秋瑾的《敬告中国二万万女同胞》的演讲催人振奋，真正成了警世的钟鼓、革命的号角。

放眼国际，有人甚至把"舌头"与"美元""电脑"相提并论，称其为现代世界威力无比的三大战略武器。由此可见口才无与伦比的巨大作用。

马雅可夫斯基说过："语言是人类力量的统帅。"经过研究，有人指出创造人才必须具备的七种能力，其一就是口头表达能力。人们逐渐认识到，口才不仅是语言表达的问题，也是人的各方面素质的集中表现。要成为一个口才好的人，必须热爱生活、乐观向上，有敏锐的观察力、较强的记忆力和逻辑思维能力。因此，许多人才学家都主张把口头表达能力作为选拔和推荐人才的重要依据。

那么，怎样才能在语文课上进行口才训练呢？作为一名语文教师，我有意识地从两个方面去做。

一、教师方面

语言是语文教学最重要的传导工具和表达方式。作为一名教师，要推敲课堂语言，不断提高艺术性，增强课堂教学效果，具体要做到以下五点。

1. 教学的逻辑性。这是对教师教学的最基本要求。教师只具备比较渊博的知识是不够的，教学的关键是教师能否将知识通过语言的表述，比较系统地讲授给学生，让学生听懂、学会。这就是语言的逻辑性。教师要做到叙事有条理，说理清楚，言之有物，全面周密，不能拖泥带水或者颠三倒四。

2. 语言的形象性。教学语言要形象、生动、优美、平易、通俗，能够打动和深入学生的心灵。教师描述人物或写景状物时要有声有色，使情景逼真、细腻、动人。

3. 语言的感染性。教师的课堂教学语言要富有感染力，讲话、范读情真意切，平易流畅，真挚感人。教师要诱发学生丰富的情感，形成师生共鸣，以在愉快和谐的气氛中完成教学任务。教师自己首先要进入角色，然后用富有感情的语言调动学生的积极性，达到理想的教学效果。

4. 语言的精确性。课堂教学语言要真实准确。一方面，教师应使用标准的普通话，既能表现正确的思想立场，又符合汉语规范；另一方面，教师应表达自己的真挚情感，不能虚假、糊弄。

5. 语言的启发性。调动学生的学习积极性、主动性，使他们自觉地、创造性地学习，关键在教师语言的启发性，即能否做到举一反三，弦外有音，留有余地，循循善诱。教学过程中，教师要引之有方、导之有法，利用语言的力量灵活驾驭课堂，充分发挥教师的主导作用和学生的主体作用，调动学生的积极性、主动性和创造性，进而帮助他们掌握科学知识、提高技能，使教学达到事半功倍的效果。

二、学生方面

要提高学生的口才，就要让学生敢说、多说、常说，鼓励学生在"说"上下功夫。语文教学中，我具体做到以下三点。

1. 课上让学生充分说。学生"仁者见仁，智者见智"，充分展现自己的观点，教师起连缀的作用。在说的过程中，学生要组织语言，这就锻炼了他们思维的逻辑性和语言的表述能力。其实，表述的过程也是一个口才锻炼的过程。

2. 组织丰富多彩的课外活动。在教学实践中，我充分利用第二课堂，组织辩论赛、朗诵比赛、感悟生活等活动。学生不但要说，而且要说得动听，能感动别人。特别是在辩论赛中，学生不但要在有限的时间内说得有理有据，而且要驳倒别人的观点，这需要他们思维快、嘴快。这些活动，最大限度地锻炼了学生的口才。

3. 购买与口才有关的书（如《演讲与口才》等）。注意讲一些口才方面的典型案例，让学生做到心中有数。

现代化建设需要现代化的人才完成，具有一定的口才艺术，应当是对各行各业的现代人才的基本要求。当今时代竞争激烈，正需要一批有识之士，以杰出的口才去点燃亿万人心灵的火花，去激励他们为实现中华民族伟大复兴的中国梦而开拓前进。

努力练就一副好口才吧！它将会助力你大显神通，如虎添翼般发挥出更大的潜能，让你在这个伟大的时代更快地实现自己的宏伟抱负！

语文教学如何与心理健康教育相结合

我身边经常发生这样的情况：一次大型考试后，有些学生痛哭流涕地找到老师，表示要放弃学业，原因仅仅是自己没考好而产生了自卑、脆弱的心理，敏感地认为别人会嘲笑自己。某些以自我为中心的学生一旦达不到自己的目标就悲观、失望、自暴自弃，这种不健康的心理，妨碍了青少年全面素质的提高。

学校普遍存在重视智育发展的现象，学生的心理健康教育很少得到应有的关注和重视。因此，加强学生的心理健康教育，刻不容缓。

在语文教学中，结合教学内容对学生进行心理健康教育，是每一个语文教师义不容辞的责任，也是语文教学的目的和任务之一。由于学科性质和教材特点，在语文教学中进行心理健康教育具有得天独厚的优越条件。几年来，我坚持寓心理健康教育于语文教学之中，取得了一定的经验和成效，在这里谈一谈，以便和同行商榷。

一、重视语文教材中英雄人物的楷模作用

"榜样的力量是无穷的。"特别是对人生观尚不十分明确

的中学生来说，英雄人物常常是他们可以崇拜并模仿学习的对象。针对这种心理特点，在教学过程中，我便利用课文中出现的英雄人物，对学生进行心理健康教育，从而在潜移默化中使他们树立正确的人生观。

学习史铁生的《我与地坛》时，我着重讲述史铁生面对不幸遭遇，走过了悲观失望、自暴自弃，最终走向成功的过程。史铁生在二十三岁时，下肢不幸瘫痪，青春韶华不再，其苦自不待言。起初，他苦闷绝望，精神几乎崩溃，但在长期深沉的思考中，积极进取的人生观战胜了消极颓废的人生观。他终于意识到，人生的关键是如何活下去。后来，他走上文学创作的道路，用纸笔在报刊上撞开了一条路。我让学生结合自己的实际对史铁生的遭遇和做法进行讨论，在讨论中，学生们纷纷表示，面对困难和挫折时，要学习史铁生的精神，战胜脆弱的心理，决不悲观失望、自暴自弃，而是要树立积极进取的人生观。

同时，我利用各种机会给学生讲述模范人物的先进事迹。面对小小的考试失败所产生的脆弱心理，面对复杂的人际交往所产生的畏惧心理，现在，对照史铁生、朱彦夫等，他们找到了应对挫折的勇气，很好地调整了自己的心态。

二、组织丰富多彩的教育活动

高中生思想敏锐、活跃，可塑性强，是人生观、价值观和世界观由萌发到逐步形成的重要阶段。针对这些特点，我认为语文教师应该给学生提供有意义的多样的语文活动。利用语文课和课外活动时间，我以"爱国、爱心、信心"为话题，组织辩论赛、朗诵比赛、作文比赛等。在参与活动的过程中，学生树立了信心，赢得了爱心，也得到了别人的关心。

面对新形势、新问题，我组织了新的教育活动，比如就国家重视的"三农"问题，要求学生假期分组采访村干部、农村百姓等，之后汇总有关看法，整理并写出调查报告。

通过这些活动，学生的情操得到了陶冶，关心他人、奉献爱心蔚然成风。学习上，学生的目标是明确的，态度是自信乐观的，遇到困难的第一反应不是急流勇退，而是迎难而上。这一切，都在无形中影响着学生的心理健康。

三、营造民主和谐的课堂气氛

课堂气氛直接影响班级中每位成员的心理健康，尤其对学生个性品质的形成影响巨大。民主和谐的课堂气氛，有助于学生养成团结友爱、积极向上的良好品质。

凭借语文课独特的学科特点，我刻意为学生营造了一个自主的氛围，让学生在课堂上畅所欲言、各抒己见，就某一个问题，学生可以"仁者见仁，智者见智"。学生在参与的过程中，思维的火花不断闪现，合作的学习情境自然展现。这样不仅能提高学生的语言表达能力，更重要的是，学生能在讨论中理解自己的观点不对在哪里，并学着接受正确的观点。学生的能力在无形中得到了提高，心理上也开始接纳别人。

同时，我注意走进学生的心灵世界，倾听学生需求的呼声、感情脉搏的跳动，用心与学生交流；尊重他们的言行，帮助他们树立自尊心、自信心，增加他们的勇气、胆量和鉴别力。

在这种民主和谐的课堂气氛中，学生克服了胆小、脆弱的心理，班级内自私自利、损人利己的事情也很少发生了，学生得以轻松快乐地成长、乐观进取地生活。

四、利用语文教师的人格魅力影响学生

"德高为师，身正为范。"作为教师，要真正做到为人师表，就要在治学和为人上都成为学生的表率。在治学上，作为一名语文教师，我首先严格要求自己。我深深地认识到"腹有诗书气自华""端给学生一碗水，自己应是源源不断的自来水"的道理，因此，我抓紧一切可以利用的时间，接受先进的教育理念，扩充文化知识，积极进行教研活动，努力提高自己。

教师不但要传授知识，更要注意言行举止，用自己高尚的品格和甘于奉献的精神去感染学生、影响学生。在为人上，古人说"其身正，不令而行；其身不正，虽令不从"，我也明白"身教重于言教"，因此我从自身做起，以礼待人，乐观进取地生活，主动帮助学生，严格要求自己。这样以身作则的好处是，学生能够很好地加以效仿。语文教师的人格魅力，也间接影响了学生的心理健康。

教育应该关注生命发展的质量。健康的生命质量不仅体现在身体的健康上，更体现在乐观自信的心理上，中学生的心理健康尤其值得关注。在语文教学中，加强对学生的心理健康教育，对语文教师来说，任重道远。

如何应对作文阅卷中的"三眼"

作文是语文的半壁江山,在高考中占有极其重要的地位。近几年,考场作文多是议论文或议论性散文,有经验的教师说,评阅这一类作文的时候,只需看"三眼"。

何谓"三眼",即进行作文阅卷时只需迅速扫描三眼,便可大致判定分数:第一眼,看题目、卷面、字数;第二眼,看开头、结尾;第三眼,看中间。第一眼看题目,基本就能看出这篇作文的观点。如果观点准确,卷面整洁,字数在800字以上,那么作文分数可暂定于45分(基准分是44分);否则,分数便要调至基准分以下。第二眼,看开头是否提出观点,结尾是否重申观点,看扣话题是否到位。如果这一步明确、精彩,分数基本就可定到48分;否则,分数便要在第一眼的基础上下调2—6分。第三眼,看中间部分有没有典型事例,事例分析是否扣观点、扣话题,例证、引证间是否运用过渡。假如这一步,析例、扣题精彩,分数基本就可定到50分;否则,分数便要在第二眼的基础上再下调2—6分。有经验的老师总结说:"一眼比一眼高,分数越来越高;一眼比一眼低,分数越来越低。"

那么,学生如何应对语文教师作文阅卷中的"三眼"呢?

首先，从题目就能基本看出立意，题目的拟定应费一番心思，既可生动形象，又可简洁准确。以一次作文训练（以"视野"为话题）为例，生动形象的题目可用《视野多宽，舞台就有多大》《外面的世界很精彩》《会当凌绝顶，一览众山小》，简洁准确的题目可用《开阔视野，点亮人生》《打开心窗，开阔视野》《扩展视野》。

对学生来说，写作的过程中，重要的是态度认真，不可勾画涂抹，要给阅卷老师清爽的观感。高考作文一般要求不少于800字，字数一定要写够，而且不能刚写到800字就搁笔。当然，也不能写太多，以800字之后再多出两行半至三行半为宜。

还有，开头要开门见山，开篇点题，但这并不等于，第一段用一句话提出观点就结束了。开头的方式也可以多样，可用名言引出观点，也可用事例引出观点，还可用优美的句子（比喻、排比等）引出观点。我们以"视野"为话题的作文举例来说。

名言引出观点型有：

有位哲人说"为了看看太阳，我来到世上"，我说"为了远方的路，我睁开眼睛"。睁开眼睛，扩大视野，看到未来之路，方能成就人生辉煌。

事例引出观点型有：

井底之蛙因为视野狭小，只能在井底感受一米阳光，看不到广阔的天空,所以只有大视野才能成就精彩人生。

优美的句子引出观点型有:

高山冰雪立峰顶,打开视野,感受天广地阔,化为泉流,涌入心中的那片大海;陡壁雄鹰踞崖壁,打开视野,俯视大地万物,振翅飞翔,畅游万里碧空。打开视野,站在更高的位置俯视,前途会更加光明,梦想会飞得更高。

一般来说,结尾要做到前后呼应,重申观点。重申观点的方式也不可太单调,可看下面的示例:

冰心说,墙角的花,当你孤芳自赏时,天地便小了。小小的花儿若只看到自己的美丽,便会凋零在自己的春天中;人若只看到自身的存在而无视前方的、脚底的道路,便会掉在路面的坑陷中。在人生之路上,我们不妨睁大眼睛,扩大视野,看清前方的路。视野宽大,才能看到开阔的天地,成就精彩的人生。毛泽东说"风物长宜放眼量",此话的确不假。面对广阔的天地,你的视野是否足够大呢?

总之,无论用怎样的形式,开头、结尾一定要扣观点、扣话题。

如何应对阅卷老师的"第三眼"——看中间呢?议论性作文的中间部分一定要有典型事例,事例的分析可用叙完再议的形式,也可用夹叙夹议的形式。无论是叙完再议还是夹叙夹议，议论都要紧扣观点和话题。例如一篇《大视野成就精彩人生》中写道：

牛顿不仅是英国伟大的物理学家，而且也是著名的数学家，他不仅发现了物理学上重要的力学三大定律，创立了经典物理学，为近代物理学发展做出重要贡献，还创立微积分，开辟了数学领域的一个分支。牛顿说，自己取得的成就，只是在海边捡到的一些小贝壳。因为有海一样宽大的视野，所以牛顿在一生中捡拾了太多耀眼的贝壳。而《打开视野，放飞希望》中这样写道：难以想象海伦·凯勒的世界是怎样的漫长与黑暗，难以想象贝多芬在最初失去听觉后的绝望……打开视野，让海伦·凯勒走出黑暗，放飞希望，看到心灵的光明；打开视野，让贝多芬走出静默，放飞希望，听到听众如雷的掌声。

前一则事例叙完再议，后一则事例夹叙夹议。无论采用哪种形式，事例都紧扣观点和话题。此外，论证过程中最好有自然过渡的句子，使整篇文章衔接自然，浑然天成。

这篇文章仅就考场议论文或议论性散文谈一些浅薄的看法，但"文无定法"一直就是并且应该是学习写作的一条重要法则，这样文学创作才能成为一条多姿多彩、奇葩纷涌的长河。

我的阅读教学四步法

叶圣陶先生指出："学生须能读书，须能作文，故特设语文课以训练之。最终目的为：自能读书，不待教师讲；自能作文，不待教师改。教师之训练必须做到此两点，乃为教学之成功。"要想实现这一教育目标，进行阅读教学，确实是非常必要的。

我认为阅读教学要走好四步。

首先，教师自己的心要走进文本，对文本必须读透，必须先和作者有一个心灵的对话。作为读者去读，而不是从教师的角度去读，看看有什么收获。以郑愁予的《错误》为例，我读后感觉这是一首属于中国人的诗。这首诗讲述了一个永恒、美丽的中国故事，开头两句先以广阔的江南为背景，再将镜头推移到小城，然后到街道、帷幕、窗扉，最后落在马蹄及打破面前一片寂静的马蹄声上。短短的篇幅，写的是思妇闺怨，却充满着一种羁旅乡愁的悲郁情调。诗中，无论是思妇形象还是游子形象，都深深地触动着我的心灵。

其次，教师要有开阔的视野，要准备充足的材料，才能深入挖掘文本的思想内涵。如果仅仅就郑愁予的《错误》本身去读，可能就会囿于游子思妇的思念之情。思维被局限住了，思路就不会打开。我在读此诗时，查找了大量相关的材料。郑愁予的《情妇》中"我想，寂寥与等待，对妇人是好的"和"因我不是常常回家的那种人"两行，皆表现出女子深守闺中、等待主人公归来的主题；《窗外的女奴》中"我是南面的神，裸着的臂用纱样的黑夜缠绕。于是，垂在腕上的星星是我的女奴"，亦透露了女子在冷清寂寞的悠长岁月中，空等着男子归来的凄凉心境。刘禹锡《春词》中"新妆宜面下朱楼，深锁春光一院愁"，与上述所咏的怨情似有异曲同工之妙，含蓄不露，又悠长深远。杨牧在所著的长篇文章《郑愁予传奇》中说，郑愁予是中国的中国诗人，他用良好的中国文字写作，形象准确，声籁华美，而且绝对是现代的，强调了郑愁予诗歌的语言体现出的中国化，也体现出中国的思想与情感。《错误》一诗被收入诗集《梦土上》，该诗集是郑愁予的成名作。童年在大陆漂泊、转徙所留下的美好记忆，青年时代在台湾家世零落和无奈流浪，纠结成他诗歌时间和空间、理性和感性、社会和个人的虚虚实实的错落悲剧，从而传达出一种恍如置身于"梦土上"的缱绻思绪。这是郑愁予全部创作中最牵动人心的一个情结。通过这些材料，我的阅读思路得以打开，我也得以更深入地把握了《错误》的思想内涵。

再次，我在进行充分理解准备后，绝不觉得胸有成竹，继而滔滔不绝地教给学生。因为学生的思路、问题，很多时候也能进一步打开或补充我的思路。在学生阅读之前，我们可以先对文本的写作背景、作者生平、成书情况等做个简单的介绍，教会学生如何根据阅读的目的和性质，迅速地选择合适的阅读方法和阅读速度，决定如何去做圈点、评注、卡片、摘要、笔记等，努力培养学生的思维独立性和批判性。我鼓励学生自己去发现问题，解决问题。"没有愚蠢的问题，只有愚蠢得没有问题。"我一直鼓励学生发问，即使有些问题可能让我们听起来觉得有些可笑，但是只要提出问题，教师就要加以鼓励。

最后，读写结合。深入阅读后，我们一定要写出自己的阅读赏析，这既是对自己的一种提升，更能以身示范，促使学生加以效法。这种做法既能使学生养成深入阅读、深入挖掘的习惯，又能提高学生的写作能力。和学生一起阅读、讨论、学习《错误》后，我写了一篇阅读赏析《那个美丽的错误》，学生纷纷效仿，班级内形成了写作热潮，以至于后来学习每一单元的文章，学生都要选出自己喜欢的文章写出赏析。

语文教学，尤其是阅读教学，应致力于学生语文素养的形成与发展。当然，学生语文素养的形成，不是单纯"教"的结果，更不是一种终结状态。我的阅读教学四步法这一尝试，就是努力让学生在阅读中发现学习语文的乐趣，从阅读中体会一种永恒的快乐，从而全面提高学生的语文素养。

用好三步，把握文本

把握好一篇文本的内容，要做好如下三步：通过整体阅读把握文本主题；厘清题目与内容的关系；在把握文本的基础上，充分展开联想和想象。下面，我们结合《哦，香雪》作具体解析。

第一步，要求学生通读全文，整体把握文章，然后进行小组讨论，复述故事情节。

文章记叙了火车停留仅有一分钟的山村台儿庄的故事，尤其重点写了香雪这个人物。十七岁的中学生香雪和山村里的小姐妹一样向往探究山外的世界，为了拥有一个与同学一样的铅笔盒，香雪登上了列车，用40个鸡蛋换回一个铅笔盒，又走了30里山间夜路回到了村子。接着，我让学生思考：作者写这个故事，是为了告诉我们什么？学生基本能够把握文章主旨，即赞扬香雪的纯朴、进取，表现山村少女的纯洁美好以及对新生活的热烈追求等。

第二步，让学生考虑：作者为什么用《哦，香雪》这个题目？

这一题目和内容又有什么关系呢？学生能够想到：香雪是个人名，作者要写香雪这一人物。我进一步提醒，"哦"是什么意思？为什么要在"香雪"前加一个"哦"呢？学生查找词典，发现"哦"是一个叹词，表示领会、醒悟。学生进一步理解，认为"哦"有感叹的意思。感叹香雪居住在乡村，小小年纪，竟充满对学习、对新生活的热烈追求。这样，学生既进一步把握了文章的中心，又厘清了题目与内容的关系，亦有助于之后写作文的拟题。

第三步，让学生充分发挥联想和想象能力，进行写作。

几年后，香雪考上了北京某大学，黎明，香雪踏上了去北京的火车。此时，她眼中的大山是怎样的？她又会想些什么？因为有前两步的引导，学生的写作非常成功。下面是两学生写的小片段。

片段一

黎明，香雪踏上了去北京大学的火车。踏上火车的那一瞬间，她笑了，笑得毫无掩饰，连小溪的流淌声、火车的鸣笛声也变得那么欢快、温和，好像它们也在为香雪的成功感到骄傲。

但她很快又陷入沉思。因为就在火车疾驰而过的一瞬间，她看到了那座熟悉而又陌生的大山。"母亲就是在这座巍峨的大山内把我养大，她夙兴夜寐、含辛茹苦，就是为了现在的我吗？"香雪站了起来，忽然感到心中很充实，外面的风也柔和了许多。她看到黎明下的群山，像母亲庄严、神圣的胸脯。风吹过，一树树核桃叶卷起来，像一树树金铃铛。她又一次听清它们在黎明的风的鼓舞下欢愉地歌唱。

不再沉思，也不再感慨，她终于又一次认清了养育她的大山。现在,她的眼神透出坚毅,她已经准备好了下一旅程的奋斗。

片段二

黎明的大山,依然沉寂,香雪抱着娘准备的大包小包来到了车站。

此时的大山,沉浸在台儿庄的宁静中,守护着这个小小的山村。它是多么温厚,让香雪感到莫名的踏实。或许也是因为它,她对外面的世界多多少少也有些害怕。香雪想着,不由紧紧握了握手中的包。

火车来了,喘息着直奔到香雪的面前。一阵乱响后,车身震了一下,停住了。香雪以她当年换铅笔盒的样子,轻巧地跃上了踏板。香雪心里还是有些激动,她终于可以承载着当年铅笔盒的梦走出去了。

"香雪!香雪!"是凤娇,后面还有姐妹们。"哎!"深深的大山震撼了,它发出响亮的回音,久久在山里回荡。香雪记住了姐妹们的呼喊,记住了父母的身影,更记住了大山响亮的回应。

我会回来的!那时,我要把外面的世界带回来,也要把大山,把台儿庄带给外面的世界。

哦,香雪!大山似乎听见了她的回答。

运用这样的三步法把握课文,让学生充满对学习的兴趣,引导他们在潜移默化中提高分析文本的能力。

一片丹心在杏坛

养成积累的好习惯

老子说过："合抱之木，生于毫末；九层之台，起于累土；千里之行，始于足下。"荀子也在《劝学》中说："故不积跬步，无以至千里；不积小流，无以成江海。"他们都用形象的比喻说明了积累的重要性。《语文课程标准》的目标中提到"要让学生有较丰富的积累"，并具体指出语文课程应让学生"丰富语言的积累""有意识地积累"。由此可见，积累在语文学习过程中占有极其重要的地位。那么，语文学习该积累什么？教师又该如何引导学生养成积累的好习惯呢？

一、积累字词

可能有人要说，积累字词有什么难的，不就是见一个字就记住一个字，见一个词就记住一个词吗？这就是一种生硬的积累了。用这样的办法，学生很累，但收效很小。快速积累字词，最有效的就是运用联系的方法。举例来说，汉字的形、音、义是高考的必考内容，假如我们在读书做题的过程中看到"靡"这个字，第一反应就是"靡"是一个多音字，在"靡费""奢靡"中读 mí，解释为"浪费"。另外，它还读 mǐ，有三个意思。第一个意思是"顺风倒下"，例如"望风披靡"；

第二个意思是"无，没有"，例如"靡日不思"；第三个意思是"美好"，例如"靡丽"。另外，还需要记住"靡靡之音"，解释为"低级趣味的音乐"。再由"靡"进行形似字的联想，如"縻"，本意是牛缰绳，也有"捆、拴"的意思，引申出"系住"，例如"羁縻"。重要的形似字还有"糜"，这个"糜"也有三个意思。第一个意思是"浪费"，例如"糜费"；第二个意思是"烂"，例如"糜烂"；第三个意思是"粥"，例如"肉糜"。这就要联系到历史上的一个典故了。《晋书·惠帝纪》中记载，晋惠帝执政时期，有一年发生饥荒，百姓没有粮食吃，只能挖草根、食观音土，许多百姓因此活活饿死。消息被迅速报到了皇宫中，晋惠帝坐在高高的皇座上，听完大臣的奏报后大为不解。"善良"的晋惠帝很想为他的子民做点事情，经过冥思苦想后，他终于悟出了一个"解决方案"，曰："何不食肉糜？"（为什么不吃肉粥呢？）如果再读到涉及这个典故的诗歌，学生就能快速理解。运用这种方法记忆，汉字的形、音、义，甚至一些历史典故或文化常识，学生都能基本掌握了。运用这种办法积累，可以说事半功倍。

二、积累阅读

著名教育家苏霍姆林斯基指出，对读书多的学生来说，课堂上学到的任何一个概念都能够被纳入从各种书籍中吸取来的知识体系中，这些知识成了帮助他们把头脑中已有概念弄明白的不可缺少的东西，因而课外书读得越多，掌握知识就越容易，用来做家庭作业的时间就越少，学习就越轻松；反之则家庭作业负担重，课外阅读时间被占用，久而久之形成了一种"恶性循环"。因此苏霍姆林斯基认为,做好课外阅读是解决学生负担过重的重要手段。教师要指导学生大量阅读课外书籍,使他们从书中汲取丰富的精神养料。我的具体做法如下。

1. 竞赛。根据学生争强好胜的心理特点,通过比赛的形式激发学生语文阅读的意识,逐步培养学生自觉阅读的习惯。在校园内开展各种读书活动,组织学生读书、摘抄、写评论,然后让学生展开讨论,看看谁摘抄得多,谁的评论质量最高。

2. 辩论。提出一个话题让学生展开辩论,看看哪一方引用的材料多、说服力强,让辩论胜利的一方介绍经验,激发学生读书、积累的热情。

三、积累生活

积累生活,强调的是积累真实的生活。积累生活主要是为写作服务的。叶圣陶先生说过:"生活犹如泉源,文章犹如溪流,泉源丰盈,溪流自然活泼泼地昼夜不息。"这段话充分说明,生活是写作的源泉。

1. 观察。只有细心观察,才能积累生活中的点点滴滴,这些都可以成为写作的源泉。

2. 记录。把观察到的人、事、物随手记录下来,或感悟,或评论,只要用自己明白的方式记录下来就可以。我国当代著名教育改革家魏书生老师认为,坚持写日记有很多好处。我没要求学生必须写日记,只要他们能把引发自己思考的东西记录下来,每周不少于三次就可以。

3. 联系。老师给了写作要求,学生要马上往自己积累的材料上联想,看看哪个或哪些材料能体现老师的命题,从中选择使用。

四、积累思想

如果教师的分析代替了学生的分析,时间长了,学生也就习惯了接受,满足于"是什么",而很少去追问"为什么"。例如,文言文是传承文化精髓的典范,包蕴了历代文人的思想精华。文言文记载的不仅仅是那个时代的发展轨迹,更浸润了作者深刻的人生思考。学习文言文的时候,教师要引领学生对广阔的历史、人物进行思考,促使学生去关注、思考、分析、判断,使他们的思想视野开阔起来,以激发他们参与社会的责任感和使命感。爱因斯坦说过,提出一个问题,某种程度上比解决一个问题更重要。没有问题的学习是灾难性的,没有思考的学习是可怕的。我在课堂上问的最多的是"为什么",有的学生问我:"老师,你怎么有那么多'为什么'呢?"我的回答是:"如果我不问,你们会思考吗?"学生老老实实地回答:"原来不会,现在被你逼的,会一点了。"所以,教师的引导是至关重要的。教师引导多了,学生思考多了,就会形成一种习惯。因此,思考也需要积累。

没有积累的语文学习只能是走马观花、浮光掠影,要想识得语文的"庐山真面目",除了"博学之,审问之,慎思之,明辨之,笃行之",还要"积累之"。

第四章 教育之迹

教学篇

课文赏析，让文学的鸟儿飞翔

新课改更注重学生阅读和写作能力的提高，针对这一点，我依托教材，进行了大胆尝试——师生共同写课文赏析。具体做法是：每学完一个单元，我让学生选出此单元中自己最喜欢或印象最深的一篇课文，写出课文赏析；经小组讨论选出的优秀文章，或在课堂朗诵，或张贴在教室，或办成班级报。

这种做法的前提是教师自己必须坚持下来，教师参与的好处有二：一是教师分析课文的时候头头是道，自然能够写出赏析；二是教师写的课文赏析能起到示范作用，学生就会学习、模仿老师。学完郑愁予的《错误》，我首先写了一篇课文赏析让学生讨论。

那个美丽的错误

小桥，流水，江南。向晚的青石小路，未揭的三月春帷。一个柔婉的少妇，等在季节的风里。嗒嗒的马蹄声迎风而来，过客与思妇，组成了一个美丽的错误。

思 妇

东风不来，三月的柳絮不飞，我的心如小小的寂寞的城，落寞空寂，漫延无边。跫音不响，无心揭开三月的春帷，唯有踏上向晚的青石街道，眺望你远来的方向。黄昏、微雨、双燕。寂寞如潮，涌向我的心间，唇间不由吟出"落花人独立，微雨燕双飞"。镜中的容颜，日渐凋零，想起"郎骑竹马来，绕床弄青梅"的快乐童年，想起我们相依相伴，"共剪西窗烛"的美好时光，想起你启程前的深情叮咛，可怎知"水仙欲上鲤鱼去，一夜芙蓉红泪多"！望穿秋水，不见你熟悉的身影，心呀，只有似那小小的窗扉，紧掩、紧掩……

嗒嗒的马蹄声，轻轻叩击我的耳膜，我听错了吗？不，嗒嗒的马蹄声，一声清晰过一声。是你吗，我的归人？紧掩的心扉瞬间打开，匆匆地，我迎向马蹄声。但，我的发髻，是否梳洗整齐？我的红裙，是不是归人最爱的那种？回首向明镜，我分明看到了一朵盛开的莲花。不再犹豫，不再矜持，我跨向门外，欣喜地迎向我的归人……

游 子

三月的黄昏，微雨的季节。我打江南走过，嗒嗒的马蹄声敲击着这青石小路。长路漫漫，羁途无限，看着眼前相亲相近的水中双鸥，想起临行前你的依恋与不舍，思念恰如一条毒蛇，噬咬着我倍感孤独的心。"故乡今夜"的你，是否也在思念"千里之外"的我？

行人无限愁思，恍惚中，"隔水青山似故乡"。远远地，红衣飘飘，是你吗，我的爱人？近了，更近了，一双期盼的眸子，等在这季节的风里。深情的目光扫过我的那一刻，容颜瞬间如莲花的凋谢。请原谅，我不是你的归人，我仅仅是个过客。你落寞的背影孤独地离去，身后传递出一个讯息：爱，就是如此期盼和无奈。故乡的爱人啊，你是否也在重复着这个美丽的错误？

这样做的结果是，学生乐于效仿，并很快形成了写课文赏析的热潮。现在，我可以很骄傲地说，有的学生写的课文赏析甚至"青出于蓝而胜于蓝"。请看下面两篇学生写的课文赏析。

一篇是邹余前同学写的《滕王阁序》赏析。

落霞升孤鹜， 秋水共长天

夕阳，被定格般地挂在西山——黄昏，使大地笼上一层尘埃。

一边是羊肠小道、昏暗的青山深坳，一边是无际的秋水澜波。一个失路之人，无可奈何，又踌躇满志。

嗒嗒的马蹄声响起，更显出这条路的寂静与忧伤——仍是嗒嗒、嗒嗒，反复敲打在失路人的心上。一双黯然的眼睛，随倦马上下颠簸。

抬抬头，看看西天。哦，落日里又飘出了彩霞，难怪路边的花草都蒙上一层羞色呢！但落日共彩霞，我与谁同呢？

一只孤独的飞鸟，从山坳里慢慢升起，斜斜刺进失路人的眼睛。孤鹜，孤鹜！遥遥对着西天的彩霞，哀婉而凄凉。

转过眼去，转过眼去——失路之人，无人共悲。

渔歌远远地飘来，船上想必又满载了鱼虾，又会带来星光。他不禁跳下马来，慢慢独行。

秋天的叶儿落了，萧瑟的风吹着。白色的潮水，卷上来，又退下去，让人心生寒意。

放眼望去，是碧蓝碧蓝的天，碧蓝碧蓝的水。大概这也可称为"秋水共长天一色"了吧！

但看那无际的水流，它们知道自己的远方吗？那碧蓝的天空，可有它的终点？

失路？路不在脚下吗！落日？不也会有明天！

跃上马背，一边是落霞升孤鹜，一边是秋水共长天！幽暗的天色里，长鞭前指，绝尘而去。

一篇是孙霞钰同学写的《孔雀东南飞》赏析。

心灵的对话

坟茔上，松柏梧桐交错，鸳鸯徘徊，一声声悲恸的鸣叫摄人心魄。兰芝、仲卿，是你们在提醒后世之人，勿忘你们的悲剧吗？

兰芝的话

夕阳渐渐西下，淡淡的暮霭弥漫。仲卿，你可曾记得当日说过的话？为什么你要那样伤我的心？你被母亲逼迫遣我回家，今日我同样被兄长逼迫再嫁。同样是被逼迫，你为何说出如此绝情的话？自我嫁入你家，每天辛勤劳作，唯恐有一丝懈怠让婆婆不满。

天不遂人愿，我做的，始终不能让婆婆称心。我不怪你听母亲的话，因为我知道你的孝心，只是你不该不懂我的心。

我们约定黄泉下相见，仲卿，不要忘记了！

仲卿的话

碧云天，黄花地，西风紧，北雁南飞。晓来谁染霜林醉？总是离人泪。

兰芝，你真的走了，留下我一个人孤单地在这人世间。都怪我无能，没有能力保护你，让你受尽委屈，还说那些绝情的话让你伤心。我知道你不会抛弃我们的誓言，再嫁他人。可是你，那么温柔美丽的一个女子，任谁见你都会心动，我怎能不害怕？

太阳落山了，鸟儿也都回家了，兰芝，我们也该回家了。人间的路我不能陪你，阴间的路又黑又冷，我绝不会让你一个人走。

学期结束的时候，我惊喜地发现，学生学习语文的热情高涨。平时反复强调的课前预习不需强调，课前书声琅琅，学生们都想写出独特的课文赏析。作为一名一线教师，我由衷地认识到，阅读和写作就如同鸟儿的双翼，如果心有梦想的鸟儿们想要飞得更高，那就写好课文赏析吧！

美好·残酷
——《史记选读·孙膑》赏析

夕阳的余晖,洒在这个宁静的山村。清澈的溪水边,两个俊朗的青年一前一后,抬起满满的一桶水,踏向崎岖的山路。前面的青年叫庞涓,后面的青年名孙膑。看着汗湿后背的师弟,孙膑悄悄把水桶往后挪了挪。"师兄,我不累。"觉察到这一点的庞涓急忙说。看着亲如兄弟的两位爱徒,鬼谷子先生欣慰地笑了。

时间就在这样的温暖中缓缓流淌。一晃,又过去了几年。忽一日,闻得魏王将以重金招纳贤才任魏国之相。庞涓决心下山,谋求富贵。生性敦厚的孙膑不愿离开师傅,庞涓信誓旦旦地承诺:"师兄暂陪师父。弟一旦得以重用,即前来迎接师兄,共谋发展。"师徒三人,挥泪洒别。

凭借鬼谷子先生传授的高超兵法与自己的如簧巧舌,庞涓很快得到魏王的信任,被任命为将军。想起自己的承诺,春风得意的庞涓犹豫了。师兄的才能胜过自己,如果将他接来,一旦他得到魏王赏识,必会取代自己的位置,已有的荣华富贵转眼就会变成泡影;如果不兑现自己的诺言,万一师兄被别国重用,自己绝对不是他的对手。恰在此时,魏惠王听到孙膑名声，想让其效力于魏国。庞涓的眼中闪过一丝阴险。事不宜迟，他马上派一巧言令色的部下，秘密将孙膑接来，强加罪名对其处以膑刑，再施以黥刑。从此可以高枕无忧矣！庞涓笑了。

受尽屈辱的孙膑被扔进猪圈。宏伟的抱负尚未施展，已成残疾之身；对师弟的赤诚之心，化为满腔的愤恨。活着还有什么意义？他无数次叩问自己的灵魂，但内心始终回荡着一个声音：活下去。只有活下去，才能报仇雪耻。报仇，已成为深植于孙膑灵魂深处的信念与支撑。

孙膑费尽心机，逃至齐国。机会终于来了。魏赵合攻，韩国告齐，齐军直奔大梁。庞涓撤军，追赶齐军。"正合我意。"孙膑心中窃喜，"知道你一向自傲，那我就地为十万灶，明日为五万灶，再日为三万灶，你必好功中计而追我。师弟，怪不得师兄了，我要让你死无葬身之地。"他估计行程，应追兵暮当至马陵。"传令下去，于马陵伏兵，找一显眼大树，砍去树皮，于树白处留书：庞涓死于此树之下。庞涓多疑，必会燃起火把细看。听我号令，见火举而乱箭齐发。"

庞涓果中计，魏军被射死不计其数，余者遁逃。庞涓知魏王必不肯放过自己，乃自刎而死。

孙膑的内心如释重负，忽又空荡无依。眼前闪过合力抬水的两个身影，耳边响起老师鬼谷子的教导"要亲如手足"。想起曾经的宏伟理想，心，突然陷入了深深的孤独。如果没有我们的相残，历史，应该会有更精彩的一笔！

参考：《东周列国志》。

冰雪中的坚守
——《苏武传》赏析

小时候的苏武,一定被父亲苏建灌输过这种理念:为人臣子,就应"竭忠尽智,以事其君"。"君为臣纲"的思想就这样深深烙进苏武心中。长大的苏武,凭借皇上的恩赐,不必经历"头悬梁,锥刺股"的刻苦攻读,直接走上仕途。那一刻,苏武的心中一定充满了对皇上的感激。他在心中暗暗发誓:"为君尽忠,虽九死其犹未悔。"

天汉元年,苏武以中郎将的身份出使匈奴,不幸被扣。为报皇恩,他决心效法前人,"勇者死节"。可惜一死受阻,二死被救,求死不能的苏武只能仰天长叹:选择悲壮地死,竟也如此不易;而屈辱地活,又能坚持多久?与此同时,苏武的做法却深深震撼了他人。铁蹄踏过,单于的命令掷地有声:"不惜一切手段,让苏武归降。"

于是,冰雪的上空,唱响了一曲曲威逼与不屈、利诱与不屑、迫害与坚守的赞歌。

那个早已失去民族气节的卫律奸笑着出场了。剑斩虞常,杀鸡儆猴,软骨头张胜立刻投降,苏武却岿然挺立。一计不成,又施一计。卫律媚笑着向苏武炫耀:"你看我,投降匈奴即被封王，漫山遍野都是我的羊群、骏马。"接着以体贴的口吻劝道："如果你今天投降，明天就能过上像我这样的生活。"苏武的心中，一定闪过一丝嘲笑；他的脸上，一定飘过一丝不屑。这些嘲笑与不屑，迅速幻化为痛斥的语言，令卫律汗涔涔了。

"好，你不是不怕死吗？断绝粮食供应！"单于一声令下，你便被幽禁于大窖。此时的你，反而变得从容。一个信念支撑着你执着的心灵。"活下去，活下去。我是大汉使臣，什么也不能使我倒下。"毡毛与雪并咽，进入你饥渴的胃肠。奇迹般，你活了下来。荒无人烟的北海，是你肉体的归宿吗？可是灵魂啊，分明挣脱肉体，飞回你日思夜想的大汉。"羝乳乃归"，可能吗？归期何在？抬头问苍天，苍天无语；低头问大地，大地沉默。只有手持旄节的那一刻，心灵才变得澄澈与宁静。于是一个挺直的背影，在那个荒无人烟的冰雪之地。放羊的时候，拄着汉节；睡觉的时候，靠着汉节；起床的时候，操起汉节。"汉节啊，你就是我心中执着的坚守啊！"你用喃喃低语，安慰着自己那在冰雪中孤独的灵魂。

十九年，十九的光阴，十九年的岁月，冰雪中的苏武终于归来了。大汉的子民口口相传这个振奋人心的消息，他们涌上街头，迎接这位英雄。走在喧嚣的人群中，须发尽白的苏武沉默着、沉默着，没有人明白，那段冰雪中的坚守，将会是他无法剔除的灵魂之痛，伴他走过余生的分分秒秒……

参考：《汉书》。

父母如何引导孩子爱上写作

人们常说:"父母是儿童的第一任教师,家庭是孩子成长的摇篮。"一说起培养孩子的写作兴趣,有些父母就想当然地认为那是老师的任务,与家长没有关系。

其实,一般在小学三年级,老师才会正式教孩子写作的知识,而这个时候,孩子已经失去了观察生活的最佳时间。没有大量的生活积累,孩子就无法轻松愉快地写作,因此,父母对孩子的引导和培养尤为重要。但有的家长经常对孩子说:"不会写就编!"或者是:"上网查查,参考参考人家是怎么写的。"这些错误的做法往往会带给孩子一种错觉:作文就是要胡编,作文就是靠抄袭而写成的。久而久之,孩子就会胡编乱造或抄袭出千篇一律的文章,对写作产生反感,最后演变成讨厌写作,甚至学会了投机取巧。

一、学生写作现状

父母没有在生活中及时进行引导,导致孩子在写作时无话可说、无事可写;胡编乱造,漏洞百出;表达不清,不知所言等。

二、写作能力的重要性

1. 写作在考试中的重要性。小升初语文考试，作文占30分；中考语文，作文占50分；高考语文，作文占到60分。这个分数以后可能还会增加。现在有一种说法，叫"得语文者得天下"，说得再绝对些就成了"得作文者得天下"。全国有很多重点高校破格录取作文尖子生，在很多单位，写作也是考查人才的一项至关重要的内容。

2. 写作在生活中的重要性。留言条、短信、寻物启事、求职信、日记、收条、借据、感谢信、建议书等实用文体是每个人都离不开的。从小练好过硬的写作基本功，在将来的生活中会处处受益。

三、解决方法

提升写作能力，真正行之有效的方法就是父母对孩子进行正确引导。让孩子先从"说作文"开始，再落实到"写作文"，让孩子先对写作产生浓厚的兴趣，从而愉快地写作。

从女儿刚上幼儿园开始，我就有意识地对她进行说话、写作引导。下面我结合对女儿的引导，从以下三个方面加以说明。

1. 引导孩子认真观察与思考，写真情实感。

（1）引导孩子观察生活之写景篇。生活是丰富多彩的，一事一情皆可入文，家长要注意时时引导孩子细心观察。比如：今天的天空是灰暗的还是晴朗的，可以用哪些词语来形容，再试着把想到的词语连成句子；蚂蚁是什么样的，它又是怎样搬家的，小蚂蚁的身上体现了怎样的精神；树木是什么形状的，它像什么，它的枝或叶又分别可以比喻成什么，等等。大街上两个人不小心撞在一起而争吵不休时，让孩子认真观察他们的神态、动作、语言，并引导孩子思考，如果他们宽容一些该怎么说，又会出现什么结果。这样孩子就会觉得生活素材是写作的源头活水，只要动笔写作，孩子就会联想到曾经的生活场景，自然就写出了真情实感。接送孩子的时候，跟孩子交流学校发生的事情，这个过程可以写成作文；每天路上都会看到不一样的人与事，这些观察可以写成作文；周末带孩子去郊外走走，所见所感都可以写成作文……教会孩子认真观察生活，让孩子养成随时记录的习惯。举一个具体的例子。

清晨，我们走在路上，看到了一片美丽的鲜花。此时，家长错误的提问是："你看，花儿多美啊，你试着用优美的语言描述这片鲜花。"正确的三个问题是："你看看，花儿有几种颜色？它们分别像什么？花儿的形状又像什么呢？"

而女儿的回答是："花儿有红、白、紫三种颜色，红的像火，白的像雪，紫的像烟。花儿就像露珠宝宝的摇篮，风一吹，它荡过来，又荡过去。露珠宝宝玩得高兴极了。"

有了这次引导孩子观察的经历，下一次的引导，我就驾轻就熟了。

记得一个秋日的早晨，因为是周末，我们有足够的闲暇，我便与女儿一起出门吃早餐。铺在路上的一层金黄的银杏叶引起了我的注意，于是我对女儿说："这些银杏叶多美啊，你看它们有的两角翘起，有的两角触地、中间弓起，还有的平铺在大地上呢！你来说一下它们分别像什么吧。"女儿想了想，笑了。我问女儿为什么笑，她回答："我想到了两个好笑的比喻。"

"说来听听。"我鼓励道。

"金黄的银杏叶有的两角翘起，像是一个人在做仰卧起坐呢！而有的弓起后背，像在做俯卧撑呢！"我不禁哈哈大笑，鼓励女儿说："你的比喻很形象，就是缺少高雅。我来说一句，你听听。"我故意暂停，引发女儿的好奇，这样她的注意力会更集中。果然，女儿央求道："妈妈，赶紧说说你的吧！"我笑了，目的达到。"听好了，金黄的银杏叶有的两角翘起，像是还没有做好离开树枝的准备就突然被一阵风吹落，它正极力伸展手臂，诉说着对天空的无尽爱恋。"女儿拍着手说："这样的句子我也会。金黄的银杏叶平铺在大地上，就像在对大地母亲诉说着属于自己的独特秘密。"

就这样，我与女儿边聊边吃，度过了一个愉快的早晨。

有了这两次对环境观察的成功引导，女儿后来在关于风景的写作中就自然而然地用上了这种方法。例如在游览济南的大明湖后，她写了一篇《美丽的大明湖》，其中就运用了比喻、拟人手法描写风景。

湖中的荷花更是数不胜数，荷叶与荷叶手拉手，荷花与荷花面对面，真是"接天莲叶无穷碧，映日荷花别样红"啊！这些荷花如同美丽的少女，它们或擎着粉红色的小伞，或戴着白色的皇冠，一阵风吹过，一湖的荷花都在欢快地舞蹈。只见白色的荷花典雅高贵，粉色的荷花热情奔放。"出淤泥而不染"，怪不得古人这么形容荷花。

总结：观察风景的美丽以及一草一木的变化，写景要多用比喻、拟人等手法，增强文章的生动性。

（2）引导孩子观察生活之写人篇。人物是生活中处处可见的。每个人都有一个鼻子、两只眼睛、两个耳朵与一张嘴巴，所以有的孩子描写人物千篇一律，不管写什么人，都是"一双炯炯有神的大眼睛""高高的鼻梁""樱桃小嘴""黑黑的头发"等，这简直是孙悟空穿了爷爷的旧棉袍——老一套。要想把一个人物写得栩栩如生、惟妙惟肖，要把这个人与众不同、特点独具的一面表现出来。只有这样，才能让人产生眼前一亮的感觉。写人，要注意观察人物的一言一行，然后抓住他的典型特点，选择那些体现深刻意义的细节来写，才能充分地表现人物的性格。写人最忌千篇一律，如果一味地叙述，就会使文章陷于平淡死板。要使人物鲜活，就必须对人物进行独特的外貌（肖像）、语言、动作、心理等方面的描写。

初写人物时，女儿也总是写不出新意。我有一个好朋友，女儿叫她苏大妈。我引导女儿说："妈妈与苏大妈有什么区别？苏大妈最主要的特点是什么？"女儿说，苏大妈最主要的特点就是胖与热情。好，找出主要特点了，那就可以围绕这两点开始写作。

苏大妈烫了并染过的头发金光闪闪,她喜欢将头发扎成马尾辫,这样显得更精神。苏大妈较胖,喜欢穿一件松松的黑色衣服,走起路来一摇一摆的,像一只可爱的大企鹅。苏大妈对人特别热情,每次去她家吃饭,她都给我舀一碗满满的饭,就怕我吃不饱。

苏大妈的热情具体是如何体现出来的呢?这个时候尤其要写出人物的动作。我以自己写过的一篇文章《那些谦卑的身影》为例,教女儿如何用突出的动作来塑造父亲的形象。

终于为孩子争取到名额,汉子会欣喜地,甚至一路小跑着到达会计室,打开一直紧攥的那个粗糙的包,小心翼翼地捧出装着厚厚一摞钱的塑料袋,珍惜地蘸着唾沫再数一遍,颤颤地把钱双手递到会计手中,依然是谦卑地笑着:"您数数,正好……"

于是女儿认真回忆苏大妈的动作,学着我写的,着重突出动作来表现苏大妈的热情。

桌子上摆着四菜一汤,苏大妈不时地站起来,左手端着一个盘子,右手拿着一双筷子,热情地往你的碗里夹菜。很快,面前的碗里堆满小山似的菜。苏大妈又来帮你盛米饭,她先舀一大勺子,然后使劲往里摁摁,回头又添一勺……苏大妈那个热情劲儿,就怕你吃不饱。

因为有了这些引导,女儿后来再写关于舅舅的文章时,就紧紧抓住了舅舅的肥胖、幽默、能干等特点。

总结:观察人物要抓住人物的独特性,进而运用多种手法进行描写。抓住人物的独特之处,在人物的外貌描写、神态描写、语言描写、动作描写、心理描写等方面下功夫。

(3)引导孩子观察生活之叙事篇。生活中,有很多突然发生的事情,善于捕捉这些瞬间发生的事、瞬间看到的人、瞬间涌上心头的情感,就能写出好文章。女儿上二年级的时候,有一次是我接女儿。我如实记录了我们在放学路上的对话,希望能给家长指导孩子写作以帮助。

女儿(兴高采烈地):妈妈,这次语文考试我考了100分,我们班只有两个同学得了满分,同学们都用不一样的眼光看我,我太高兴了。

妈妈(笑):刘璐真棒,还要继续加油哦!你刚才的话让妈妈想起了宋代一个叫周邦彦的词人写的一句词——水面清圆,一一风荷举。

女儿:妈妈,那是什么意思呢?

妈妈:意思就是,水面上,一株株亭亭玉立的荷叶被高高举起,风吹过来,摇曳多姿,美丽极了。可是,你刚才对妈妈描述的,妈妈却要修改周邦彦的这句词来形容,那就是"水面清圆,有待风荷举"。

女儿:我听不懂,妈妈讲给我听听好吗?

妈妈:水面上,一株株亭亭玉立的荷叶被高高举起。这种风景乍看很美,但是看久了,就会感觉这种风景缺少一种生动美。你刚才描述说，你考得很好，同学们用不一样的眼光看你，那是什么眼光呢？

女儿（思考了一会儿）：是羡慕。

妈妈：很对。你想一下，同学羡慕你的时候，会想些什么呢？

女儿：他们一定会想，刘璐真棒，我们要向她学习。

妈妈：这时候，你想到什么呢？

女儿：我在心里告诉自己"一定不能骄傲，我要继续努力，争取下一次考双百"，可我还是忍不住高兴地笑了。

妈妈：很好，你能把考试这件事再说一遍给妈妈听吗？

女儿：好啊！今天上语文课的时候，语文老师说："这一次的单元测试，我们班有两个同学考了满分，王惠章和刘璐，同学们要向这两位同学学习。"听了老师的话，很多同学立刻用羡慕的眼光看着我，前排的同学甚至回过头对着我微笑，他们一定在想：刘璐真棒，我们一定要向刘璐学习。我脸红了。被老师表扬的滋味真好，但我又立刻在心里对自己说："一定不能骄傲，我要继续努力，争取下一次考双百。"虽然这样想，可是，我还是忍不住满意地笑了。

妈妈：刘璐真棒。你看，作文就是这么容易。你刚开始说自己考试考得好，同学们用不一样的眼光看你，就相当于"水面清圆"。事情很清楚，别人也能听明白，但是缺少细腻的描写，就不够生动。这时，风刮过来，让荷叶摇摆，这就是"有待风荷举"。你刚才加进了同学们的动作描写和自己的心理活动，作文就生动起来了。

女儿：妈妈，我明白了。写作文的时候，尽量要说清人物到底是怎么想的、怎么做的，让别人看得清楚、明白，这样作文就美了。

妈妈：对，只写出荷叶表面的美还不够，要让风吹过，写出风中荷叶的细腻生动之美。只有这样，才能写出优美的文章。

总结：叙事要多用比喻、拟人、对比、夸张等手法，写好心理描写，使场景如实展现在人们眼前。

其实，每一个孩子来到这个世界上，都有属于自己的独特密语。家长注意观察生活，才能引导孩子学会观察生活中的每一处景致、每一个细微的变化，孩子的独特密语才能被挖掘出来。等到孩子养成了观察生活的习惯，家长就会发现，孩子已经爱上了写作。

2. 引导孩子养成阅读的好习惯，以便更好地写作。与孩子共同阅读时，家长要跟孩子一起做勾画或摘抄，让孩子学会仿写或改写，灵活运用诗文名言。

（1）亲子共读。阅读，能带我们走进无限丰富、迷人的精神世界。宋人黄庭坚说过，三日不读书，便觉面目可憎，语言无味。为了不断充实自己、丰富自己，更好地实施家庭素质教育，我们父母应先拿起书本，认真读书。《发现母亲》一书的作者王东华说："要想孩子伟大，父母必须先伟大。父母能走多远，孩子就能走多远。"这些话说得很有道理。现在很多家长埋怨孩子不喜欢读书、不知道学习，作为家长，我们应首先反思一下：你要求孩子做的，自己又做得怎么样呢？

一是父母大声为孩子读书，读出声音来。幼儿阶段及小学三年级以前,这个时期,孩子认识的字数量有限,如果放手让孩子自己阅读,孩子可能很快就会失去对阅读的兴趣。这种方式的阅读可以随时进行,只要父母有时间,就可以主动对孩子说:"爸爸(妈妈)来给你读个故事吧!"读完一个故事后,可以让孩子用自己的语言复述一遍;遇到孩子不能复述的地方,可以进行提醒。这种阅读方式能够极大地丰富孩子的词汇量,增强他们的理解能力和语言组织能力,进而提升写作能力。同时,因为文学是一个由想象构成的世界,所以有长久共读经验的孩子,其想象力、创造力将获得不断的滋养。

二是父母与孩子共同默读,时间最好固定化。现实中,有些家长口口声声教导孩子要学习、要看书,可他却在家里打麻将、喝小酒、看肥皂剧,一本书都不看,甚至当着孩子的面说自己太忙了,实在没时间看。这其实是在无形中告诉孩子:书这东西,没什么好看的,也不值得看!这给了孩子一个错误的引导。要想让孩子养成读书的习惯,家长首先应该养成读书的习惯,并且持之以恒。我们家的夜晚经常是这样的场景:爸爸、妈妈、女儿每人捧着一本书,看得津津有味。每每一人看到精彩处,或抚掌赞叹,或哈哈而笑,然后迫不及待地讲给另外两人听。全家人如痴如醉,沉迷书中。

家长如果因为客观原因无法与孩子共同阅读,至少要为孩子提供阅读的环境。如果能够做到共同阅读,与孩子交流文中主人公的做法和阅读的感悟,引导孩子在读书的过程中思考对与错、善与恶、美与丑,那么平时说教不能解决的问题,在阅读交流的过程中就可以自然而然地解决了。这种交流会潜移默化地影响孩子,比空洞的说教效果好多了。

（2）不动笔墨不读书。在阅读的过程中摘抄优美句子、勾画打动我们心灵的段落，可以强化记忆、训练思维、积累知识。同时，把这些优美的句子摘抄在小本子上，时时背诵，有意识地进行仿写或改写，自己的语言表达能力也能有提升。

例如，女儿在读曹文轩的《蜻蜓眼》时，非常喜欢这句话：

渐渐地，火车在阿梅的眼中，变成了流动的、边缘毛茸茸的绿色。

后来在写《背影》一文时，她稍作改动，把这句话用到了自己的文章中，让人感觉浑然天成：

父亲的背影中饱含父爱，令朱自清潸然泪下，而我爸爸的背影中，又何尝不是对我深深的爱呢？我很少看见爸爸的背影——他出门就开车上班，每次我都只能看见爸爸驾驶的那辆白色轿车渐行渐远，最后在我的眼中变成了流动的、边缘毛茸茸的白色。

读书多，背诵多，写作时语言也就自然而然地流畅了。

（3）每天共背古诗词。诗词是浓缩的经典，其深刻的思想内容、丰富的人文素材、独到的表达方式、精巧的布局构思，都可以作为学生写作训练的示范。家长可以每天与孩子同背一首古诗词，从而积少成多，再把古诗词运用到写作中，让文章富有文采。

记得有一次，天空中飘起了蒙蒙的细雨，女儿突然像发现了新大陆一般，让我看她的衣服有什么变化，不等我回答，她就得意地说："妈妈，你看，这就是你教我背诵的诗句：但觉衣裳湿，无点亦无声。"回家后，她就写了《春雨》：

今天早上，春雨沙沙沙地落下来，我开心地在窗户边看。

春雨像春姑娘伤心时洒下的眼泪，细细的，像线一样。春雨落到窗户上，落到台阶上，落到水泥地上，沙沙沙……农民伯伯高兴地说："春雨真好，这样，我们的庄稼就不会干旱了。"春雨姑娘听了，下得更欢快了，沙沙沙，沙沙沙……

一会儿，雨下得小多了。我走进雨中，过了不一会儿，我的衣服就湿了一层。我突然想起这样一句诗：但觉衣裳湿，无点亦无声。

你知道春雨还有什么作用吗？春雨落到很硬的土地上，土地就变软了，小草就会发芽，大地就会变得很美丽。

阅读会对孩子起到至关重要的引领作用，如果你的孩子不喜欢读书，那么家长就先改变自己，用自己对阅读的热爱引领孩子对阅读的热爱吧！

要想写好人物，我推荐阅读冯骥才的《俗世奇人》，还有曹文轩的各种作品，如《青铜葵花》《第十一根红布条》《山羊不吃天堂草》《六十六道弯》《草房子》《枫林》《细米》《红瓦》《草房子》《根鸟》《蜻蜓眼》等。

3. 引导孩子拥有一颗爱心，让作文溢满温暖。亲子阅读的过程中，家长要多与孩子进行交流，潜移默化地引导孩子尊重生命。冰心在《寄小读者》中，谈到由于自己的恶作剧，竟然导致无辜的小老鼠命丧虎儿之口。冰心忏悔流泪，想到"那只小鼠的母亲，含着伤心之泪，夜夜出来找它"。我与女儿由此谈到爱别人、关心别人的重要性，女儿自责地说："我以前总是让爸爸给我逮小动物玩，最后它们都会死掉，我也应该像冰心奶奶一样忏悔。"

孔子说："其身正，不令而行；其身不正，虽令不从。"你是怎样的人，孩子往往就会成为怎样的人。生活中，家长要用自己的行动引导孩子拥有爱心。

记得有一次走在路上，女儿玩闹着顺手摘下几片冬青叶子，我就问她："闺女，如果有人砍下你的耳朵，或者拧断你的胳膊，你什么感觉？"女儿决绝地说："不可能，哪有这样残忍的人啊！"我引导她说："你看，你刚才就做了这样残忍的事。你顺手摘下了冬青叶子，不就相当于砍下冬青的耳朵或拧断它的胳膊吗？植物也有生命，只不过我们听不懂它的语言罢了，如果它能说人的语言，它一定会说：'疼死我了，救救我吧。'"女儿果然非常惭愧，从此，她不再摘冬青叶子、不再随意践踏草坪，并且告诫那些不爱护花草的小朋友说："不要这样做，冬青（小草）也会疼。"

家长朋友们，这就是我们引导的结果。

后来有一次，我们去买桃子，卖桃的老人为了证明他的桃子甜，非要切一块桃子给我们尝尝，却不小心切到自己的手了。我赶紧带着女儿回家，给老人拿了创可贴，帮老人贴上。

我用自己的行动让女儿明白，做人要爱别人、关心别人，回家后女儿就写了《我后悔了》一文：

　　这件事深深刻进我的脑海中，让我后悔因自私而伤害了别人。

　　早晨，我和妈妈去赶集，一位老爷爷在卖红彤彤的桃子。我想尝一尝桃子甜不甜，就让老爷爷切开一片来尝。

　　谁知，刀子一下切到了桃核，桃核一蹦，锋利的刀子一下子切到了老爷爷的手指。刹那间，鲜红的血顺着老爷爷的手指，一滴一滴地滴落下来。老爷爷扔掉刀子，急忙用另一只手摁住伤口，两条眉毛皱在一起，脸上露出痛苦不堪的表情。

　　我后悔极了，桃子那么红，一定好吃，我为什么还要尝？老爷爷的手受伤了，他怎么干活？他帮别人拿桃子时，手会不会疼呢？真是的，万一伤口感染了怎么办？

　　我和妈妈风驰电掣般奔回家，拿了创可贴与消毒液，飞速给老爷爷送去。老爷爷连声说谢谢。长吁了一口气后，我们又多买了一些桃子，算是减轻一些内心的愧疚感吧！

　　这件事让我后悔不已，后悔做事只想到自己而使他人受伤，后悔自己贪吃的那一刻。现在的我，学会了关心别人，事事为他人着想，因为我不想让自己再后悔。

　　从那之后，女儿变得很有爱心。所以，让孩子拥有悲悯的情怀，会让孩子的写作充满人情美、人性美。带孩子赶路时，不闯红灯，这是爱生命的体现；乘车时，主动给老人让座，这是爱别人的体现；不为孩子采摘路上的鲜花，不破坏公共财物,不随手扔垃圾,这是爱环境、爱万物的体现。

　　认真观察,会让孩子增强对生活的感受,有内容可写;广泛的阅读积累,会让孩子提升语言水平,提高表达能力;拥有爱心,会让孩子的真情体现在文中,让文章充满人情美、人性美。这样,孩子就会对写作越来越感兴趣,写作又能让孩子更注重观察生活、阅读积累。拥有善良的心、真挚的情,孩子就会用灵动的文字抒发性灵。

　　作为一名母亲,我非常真诚地对各位家长说:写作是一件愉快的事,千万不要让孩子因为我们的错误做法而对写作产生反感。让孩子热爱写作、愉快写作,不仅是老师的责任,更是我们父母的责任。

　　此讲座在莒县电视台《教育时空》播出。

共沐书香,我与女儿同成长

喜欢在闲暇之时泡上一杯绿茶,让淡淡的茶香氤氲满室。阳光暖暖地照进来,此时,捧一本最爱的书慢慢品读,感觉世间最美之事,莫过于此。八岁的女儿受我感染,也喜欢捧本书,静静地坐在我身边,慢慢翻看。

近来,女儿喜欢上了冰心的《寄小读者》,沉迷其中。我受了影响,也不由得重温起来。母女两个经常头碰头,慢慢欣赏,体会其中的童真与纯洁的爱。

《通讯一》中,冰心将要远行,她的小弟弟念过地理,知道地球是圆的,开玩笑地和姐姐说:"姊姊,你走了,我们想你的时候,可以拿一条很长的竹竿子,从我们的院子里,直穿到对面你们的院子去,穿成一个孔穴。我们从那孔穴里,可以彼此看见。我看看你别后是否胖了,或是瘦了。"

读到这里,我想起女儿小时候的事。那天早上,像往常一样,我五点半起床,洗漱之后找出女儿要穿的衣服放在床上,然后开始准备早餐、打扫卫生。正忙着装昨天的生活垃圾,炉子上的水开了,我匆忙把手里的垃圾袋就地一放,冲进厨房关火。睡眼惺忪的女儿一走出卧室就看到了倒在地上的垃圾袋,说:"妈妈你看,它跌倒了,它会疼的。"说完,她顺手把垃圾袋提起来，然后小心摆正。后来，我把这件事讲给女儿听，她竟然关心地说："那时候妈妈照顾我，肯定很辛苦吧。"我很欣喜，原来，读书不仅可以陶冶情操，还可以让女儿懂得感恩。

《通讯二》中，冰心谈到自己的无意之举，竟然导致无辜的小鼠命丧小狗虎儿之口。冰心忏悔流泪，明白一切生命在造物者眼中是一般大小的。读到这里，女儿突然问我："妈妈，一切生命都要尊重，但是人为什么要吃小动物呢？"未等我回答，她又自言自语道，"我以前总是让爸爸帮我逮小动物玩，最后它们都会死掉，我也应该像冰心奶奶一样忏悔。"自此之后，女儿变得很有爱心。有一天，父亲准备杀鸡，我很高兴，女儿却说："你看，鸡好像明白自己要死了，它很伤心，叫声越来越小。这只鸡真可怜，我们应该少吃鸡。"又过了几天，我带女儿出去吃饭，她在房间里待不住，跑出去玩了。过了一会儿，我不放心，出去找她，正好看到她在拧水龙头。我生气地喊："刘璐，不要浪费水！"女儿委屈地辩解："妈妈，刚才小水管哭了，我把它拧紧了，妈妈不是告诉我要节约用水吗？"在女儿的影响下，我也慢慢变了。遇到需要帮助的人，我不再漠然置之；看到流浪的小动物，总会主动给它们喂一些食物……

《通讯十》中，冰心告诫：

被上帝祝福的小朋友！你们正在母亲的怀里。——小朋友！我教给你，你看完了这一封信，放下报纸，就快快跑去找你的母亲——若是她出去了，就去坐在门槛上，静静地等她回来——不论在屋里或是院中,把她寻见了,你便上去攀住她,左右亲她的脸,你说:"母亲!若是你有工夫,请你将我小时候的事情,说给我听!"等她坐下了,你便坐在她的膝上,倚在她的胸前,你听得见她心脉和缓的跳动,你仰着脸,会有无数关于你的,你所不知道的美妙的故事,从她口里天乐一般的唱将出来!

女儿听我讲了一些小时候的事后,对我说:"当妈妈真不容易,我以后一定不让你生气了。"这句话突然让我惭愧起来。三十几岁的人了,我还经常为一点小事与妈妈争论,从来不肯让着妈妈,好像妈妈让着我是天经地义一样。女儿的话让我反思,我要向女儿学习,做妈妈的乖女儿。

我相信,读完《寄小读者》,我和女儿的思想都会有很大提高。我将和女儿继续共沐书香,共同成长。唐代孟郊的《游子吟》中写道:"谁言寸草心,报得三春晖。"孩子如同小草,母亲便是三春的阳光。小草的节节长高,需要春天温暖和煦的阳光。同样,要想孩子更好地成长,母亲的素质也要不断提高。让我们和孩子一起,共沐书香,让三春的阳光普照大地,让碧绿的小草节节长高。

(此文写于 2011 年)

女儿的修辞

小女三岁，多出惊人之语，全不符合常规思维，却让我这个语文老师以为妙绝。

一日，她的钙糖片吃完，便拿空瓶装水玩。突然，她像发现新大陆一般，惊喜地说："妈妈，妈妈，你听，水在跳舞呢！"她边说边兴奋地摇晃着手中的瓶子，瓶中的水便发出清脆的响声。

女儿说得多好啊！我忍不住犯了语文老师的通病，细细品味分析：从修辞上说，女儿这句话实际上运用了通感。通感是把人们的各种感觉，诸如视觉、听觉、嗅觉、味觉、触觉等，通过比喻或形容沟通起来的修辞方式。听到瓶中水的声音，这是用到了听觉；而舞蹈具体可见，要用到视觉。把听觉转化为视觉，这难道不是通感的修辞手法吗？

又一天晚上，吃完晚饭后，因为天太冷，我们没有出门散步。调皮的女儿没有别的娱乐方式，便翻箱倒柜找好玩的东西。她不知从哪里找出一个气球，央求我给她吹大后便捏住不肯放手。一会儿，大概是累了，她便让奶奶替她拿着，又实在喜欢那只气球，一再叮嘱："奶奶，你使劲捏着，别让它喘气。"

奶奶笑道："你这小丫头，我使劲捏着，不让它跑气就是了。记着,是跑气,不是喘气。"我一本正经地反驳婆婆:"不,她说得很好,这实际上运用了修辞中的移用。"说完又觉得自己挺可笑的,从未上过学的婆婆哪懂这些呢?

移用也是一种修辞手法。移用也称移就,是把本用来形容甲事物的修饰语,移来修饰与甲事物相关联的乙事物的修辞方式。这是一种词语活用的方法,通常是把形容人的修饰语移用到物上。女儿把用来形容人的"喘气"用到气球上,就是无意识地使用了移用,形象贴切。

总之,小女是说者无意,我是附会有余。聊作此文,快乐共享。

(此文写于 2006 年)

亲子共读，我与女儿同写读后感

暑假，我与女儿共读曹文轩的几部作品，两人都被曹文轩对苦难、对真情、对美好人性的细腻描写深深打动。他的作品宛如一股温暖清澈的春水，纯净着每一个读者的心灵，牵引着我们对生命中真善美的永恒追寻，一次又一次引发我与女儿热烈的讨论。于是，我与女儿相约写《青铜葵花》的读后感。以下两篇，第一篇《有一种爱叫亲情》是女儿写的，第二篇《心田半亩植温暖》是我写的。

有一种爱叫亲情

当葵花哭泣时，是谁递给她一块能够擦干眼泪的手帕？当葵花受欺负时，是谁为她挺身而出？当葵花冻得瑟瑟发抖时，是谁为她披上御寒的温暖衣服？他，就是青铜。读曹文轩的《青铜葵花》，我被青铜对葵花超越血缘的爱深深感动。

青铜家境贫困，而且是个哑巴。葵花自小失去父亲，被青铜家领养。青铜家虽然贫穷，但倾尽所有给葵花爱与温暖。特别是青铜，更是竭尽所能爱护关心这个父母双亡的可怜妹妹。

有一天，镇上来了一个马戏团，兄妹俩跑了很远的路去看。看戏的人真是摩肩接踵,兄妹俩实在挤不进去。青铜费尽九牛二虎之力从远处推来一个石碾,兄妹俩终于可以站在石碾上看马戏了。可是后来的一群孩子想霸占石碾,他们抢占不成,竟用棍子用力击打青铜的脚踝。青铜为了妹妹能看完马戏,和这群孩子打了起来。青铜被打得鼻血直流、一瘸一拐,但他还是坚持着让葵花骑在自己的脖子上看完马戏。骑在哥哥的脖子上,葵花看得比谁都清楚。她完全沉浸在马戏的热闹中,忘了自己是骑在哥哥的脖子上。

为了妹妹,青铜放弃了唯一一次上学的机会,自己继续孤独地放牛;为了妹妹,青铜在大雪纷飞的日子坚持去镇上卖芦花鞋,为了多卖些钱,他甚至卖出了脚上的最后一双鞋,赤脚从雪地上跑回家;为了妹妹,青铜在数九寒天吹冰凌为葵花做项链,导致腮帮发麻肿痛;为了妹妹,青铜费尽心思去捕野鸭,还被嘎鱼一家怀疑是贼……

读《青铜葵花》,我感受到一种伟大而深沉的爱,它就是亲情!

心田半亩植温暖

大麦地的雨季缠缠绵绵,天空一直低垂而阴沉。这一天,多日不见的阳光,像清澈的流水一样,哗啦啦漫泻于天空。因为,一个温暖的故事正在悄悄上演。

父母双亡的葵花是一个孤独的小姑娘,她就像一只独自拥有万里高空的鸟,心里总是空空荡荡的;大麦地的青铜是一个孤独的哑巴,他就像一条独自拥有壮阔波澜的鱼,心里总是苍苍茫茫的。因为无人照顾，葵花要被送往大麦地的人家收养，贫穷的青铜一家张开臂膀，迎来了葵花。两个孤独的孩子立刻如水过平地一般，成为至亲一般的兄妹。

当贫穷的人家只能供一个孩子上学时，青铜故意让葵花抓到红色的银杏果，主动放弃了上学的机会，再次走在孤独的放牛路上。当青铜带葵花去七里外的稻香渡看马戏时，为了让葵花清楚地看到马戏，他费尽九牛二虎之力从打谷场的草丛中推出石磙，石磙却被稻香渡的孩子霸占，青铜宁愿选择扛着葵花看完马戏，自己累得险些晕倒。当家里的一项重要收入——即将成熟的茨菇，在一个星期天交由葵花看守，却被嘎鱼纵容鸭子肆意吃净时，青铜为了使葵花免受爸爸责罚，一口咬定是自己没有看好茨菇田，甘愿被爸爸痛揍一顿。当知道担任报幕员的葵花缺少一根银项链时，青铜在三九寒天里将一根又一根冰凌敲碎，不厌其烦地挑选大小适中的冰凌，小心地用剪好的细芦苇管吹穿，腮帮发麻肿痛也不放弃，直到制成几十个冰凌，用红线将冰凌串成一串纯净华贵的冰项链，才满意地戴在报幕的葵花的脖子上……不仅仅是青铜，青铜家的每一个人都全心全意用爱温暖着小小的葵花。奶奶为了用新棉花给两个孩子做新的棉袄棉裤，不顾自己年老体弱，坚持帮人家采棉花，以致晕倒在棉花地里；妈妈时时关心爱护葵花，在春节无法为她添置新衣时，甚至把自己压在箱底的嫁衣给葵花改成新衣……

读《青铜葵花》，读到了一串串明亮的温暖，这些温暖使生命多了温度、增了甜度。想起生活中，温暖也许就是遇到跌倒的老人，顺手扶起来；与别人发生摩擦时，主动让一步；与父母争吵时，多反思反思自己的错误……面对处于痛苦中的人，如果我们无能为力，一句安慰的话语也能温暖他的心灵。正如曹文轩所说："苦难是不可避免的，但只要拥有了爱，就比什么都重要。"

生活维艰，爱弥珍贵。生命中，那些小小的温暖虽然淡淡如风、浅浅如水，却在我们的半亩心田里种出一片绿。这片绿轻轻拂拭着我们精神上的尘埃，柔软着我们疲惫的心灵。

（此文写于 2009 年）

让孩子愉快地写作吧

也许是从事语文教学的缘故,我经常被问及怎样才能教孩子写好作文,我甚至曾经听到有的家长这样对孩子说:"没有的写,不会编吗?随便编一个故事就行。"每每这时,我就会产生一种强烈的焦急感:怎么能这样教孩子写作文呢?这样做的致命弊端有两个:一是孩子从此学会了撒谎;二是作文编一次两次容易,若是每次都瞎编,总会有没内容可编造的一天,写上一两句话,后面没有词了,孩子就会对写作文充满恐惧。

其实孩子是有真实生活经历的,而生活是丰富多彩的,一事一情皆可成字入文。接送孩子的时候,跟孩子交流交流学校发生的事情,这可以让孩子写成作文;每天都会在路上看到不一样的人与事,这也可以让孩子写成作文;周末带孩子去郊外走走,所见所感都可以让孩子写成作文……教会孩子认真观察生活,养成随时记录的习惯,会使孩子终身受益。

父母还可以为孩子做好整理工作,保存好孩子写过的甚至说过的"作文"。说作文能够锻炼孩子的语言表达能力,孩子可以不受笔墨限制,随时就所见所感而说。这时候,父母的记录尤为关键。我们可以帮孩子录入电脑保存,也可以让孩子自己记录,再时常让孩子看看这些记录,让孩子有成就感,从而产生强烈的写作欲望。

我的女儿刘璐今年八岁,刚上小学二年级。老师还没让他们写作文,但有时会有这样的要求:写几句话,或是写一件小事。女儿写的(有时是说的)虽然是只言片语,但有的也颇为形象,我把这些都保存下来,有时也跟她重新翻看、品评。于是,女儿更喜欢观察了,每次看到新鲜的事物,她就跟我喋喋不休地说,还不忘嘱咐我:"妈妈,别忘了帮我保存起来。"下面,不妨来看一看这些只言片语。

端午节

端午节,学校放三天假,我去了奶奶家。奶奶包粽子、煮鸡蛋给我和哥哥吃。人们用这种方法来纪念大诗人屈原。

粽子是三角的,它是由苇叶包成的,里面有黏米和蜜枣。黏米黏黏的,蜜枣甜甜的,吃起来香香的。因为鸡蛋是和粽子煮在一起的,所以鸡蛋壳是绿色的,就像咸鸭蛋一样。这样的鸡蛋和粽子真好吃。

我喜欢端午节。

可爱的小鸡

昨天,我去好朋友家玩,她家养了一只小鸡,那只小鸡毛茸茸的、黄黄的。它的腿好像受伤了,走路的时候一瘸一瘸的。我不由得自言自语:"小鸡,你什么时候才能好呢?"我轻轻地摸了一下小鸡,它的羽毛暖暖的。小鸡好像在说:"不要碰我!"真是一只可爱的小鸡。

最后,我依依不舍地跟妈妈走了。

难忘的六一儿童节

今天是六一儿童节,小朋友们都穿着美丽的校服,高兴地来到学校看节目。

节目可真多啊!其中,我最喜欢看《游子吟》。音乐老师扮演要出远门的孩子,对"妈妈"说:"妈妈,我要走了。""妈妈"急忙拿过一件衣服给她披上。伴舞的小朋友一边唱着:"慈母手中线,游子身上衣……"一边做着不愿离开妈妈的动作。在优美的音乐声中,妈妈和孩子拥抱在一起,我觉得非常感动。是啊!这真是"谁言寸草心,报得三春晖"。

今天真是一个难忘的日子,我喜欢六一儿童节。

数学老师家的两个小妹妹

今天下午放学的路上,我遇见了数学老师。

数学老师领着两个调皮的小妹妹。她拉着一个小妹妹的手,另一个小妹妹就到处跑,还跑到马路边。数学老师说:"马路上有许多车,多危险,不要过去!"可是小妹妹不听,数学老师急得手忙脚乱。

虽然小妹妹很调皮,可是我还是很喜欢她们。

我的校服

今天下午,我们学校发校服了。它由红色、白色和灰色组成,我很喜欢它。路上,我紧紧地抱着校服,就怕把它掉到地上弄脏了。妈妈说:"我们去姥姥家,让姥姥看看你的校服吧!"我回答说:"好!"

一到姥姥家,我急忙穿上校服给姥姥看,姥姥满意地说:"很好!"

我高兴极了,我终于有自己的校服了。

动物园里的猴子

我去沂水公园玩,看见两只小猴子,它们真可爱!

两只小猴子学着我的跑步动作,在跟我玩耍,玩得可开心了,好像进入了快乐世界。很多小猴围着我,好像要跟我交朋友一样,我高兴极了。

可是,我们要回家了,我只好依依不舍地走了。

高兴的一天

星期六,我们去沂水彩虹谷玩,那里有很多好玩的,其中我最喜欢漂流。漂流开始了,速度快的时候船就像要翻了一样,真吓人。水有时会溅到人们的身上,引起一片尖叫声。出来后,我发现裤子和鞋子都湿了。

今天，我玩得可真高兴。

两只螃蟹

爸爸从安庄给我带来了两只螃蟹。螃蟹的身体圆圆的，它长着八条腿和一双大螯。"它的两只大螯会钳人。"爸爸说。果然，我看到它挥舞着两只大螯，就像随时要对付敌人一样。它的两只眼睛直直地瞪着我，可真吓人啊！

我看到螃蟹的嘴一张一合的，可能是饿了吧！妈妈让我去捏一把小米，看它吃不吃，它果真不吃。

几天后，两只螃蟹竟然死了，我非常难过。

难忘的日子

今天，我和小姨去灯塔广场玩，那里有一望无际的大海。

我脱下鞋子，走进宽广的大海。一个波浪来搔痒我的小脚丫，笑得我眼泪都出来了。它跑回去又跑过来，这次它给我带来了海星、贝壳和小鱼，我的小桶都装不下了。我好开心啊，所以我给大海跳着优美的舞蹈。听，大海好像也给我唱着动听的歌。最后，我恋恋不舍地离开了。

这真是一个难忘的日子。

秋天的图画

秋天来了，秋天来了。山野真像一幅美丽的图画。

树上的小叶子有的黄了,还有的小叶子像降落伞一样落下来。看,大雁排成"人"字,急急忙忙地往南方飞去,它们要去那里度过一个温暖的冬天。

秋天真是一个美好的季节。

竹洞天旅游日记一 (苗族舞)

昨天,我和爸爸妈妈去竹洞天玩。

我们去看苗族的舞蹈,等了好一会儿,舞蹈才开始。演员们穿着民族服装,他们手拉着手跳起来,转得快的时候,像蝴蝶一样飞起来。看了他们的表演,我也好想上去飞起来啊。

他们表演得真好!我多想和真正的苗族人民一起唱歌跳舞啊!

竹洞天旅游日记二 (恐龙谷)

昨天,我们一家去恐龙谷。

那里有许多恐龙,有的伸着手,好像要抓什么东西;有的微笑着,好像很想和我交朋友;还有的瞪着眼,好像在巡逻……

我想骑在恐龙脖子上照相,可是,恐龙脖子上有毛毛虫。最后,我终于找到了一个没有毛毛虫的恐龙,我骑在恐龙的身上拍了许多照片。

玩了一天,我们要回家了。再见,恐龙!

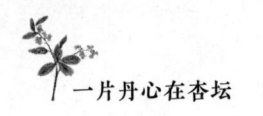

不要小看我们的孩子，孩子有自己独特的视角，父母不要用成人的思维影响孩子。让孩子从小记自己所见、写自己所感，让写作成为孩子的一种习惯。让孩子愉快地写作吧！当写作真正成为一种习惯的时候，孩子自然会把写作当成一件幸福的事。

（此文写于2011年）

女儿和我比童年

今年，是改革开放 30 周年，女儿来和我比童年，让大家看看祖国的变化大不大！第一篇是女儿写的，她口述，我记录。第二篇是我写的。

过生日

我叫刘璐，今年六岁，每天都过得快快乐乐。可是妈妈却很奇怪地说，她的童年很苦涩。妈妈羡慕地对我说："你太幸福了。"我不太懂幸福是什么意思。妈妈告诉我，幸福就是让人觉得高兴。妈妈让我说说我觉得最高兴的事，她要如实地记录我的幸福童年。

我最高兴的事当然就是过生日了。记得去年过生日的时候，爷爷奶奶给我买了大蛋糕，蛋糕上有红红的花、绿绿的小草，还有一只小羊趴在小草上，我可高兴了，因为我就属小羊啊！

姥姥姥爷给我换上白色的公主裙，带我去拍了照片。姥爷还嘱咐照相的叔叔说，要在照片的一边以我的语气写上："今天我五岁。"照片中的我像白雪公主一样，漂亮极了。

姑姑也从日照赶回来了，她给我送来了她亲手织的毛衣毛裤，摸上去软软的。毛衣上绣着我的名字，毛裤的两条腿上各绣了一只白白的小羊，像在睡觉一样，我可喜欢了。姑姑还说，以后我每年生日的时候，她都要亲手给我织一套毛衣毛裤。

舅舅出差刚刚回来，他说还没来得及给我买礼物，问我想要什么礼物。我说幼儿园的小朋友都有滑板车，我也想要一辆，没想到舅舅一口答应了，还马上把我抱上车，拉我去商场挑了我最喜欢的滑板车。过生日真好啊！我真希望天天过生日。

妈妈做了一大桌美味的饭菜给我吃。饭后，我拿了买蛋糕赠的气球玩，爸爸帮我吹大后，我看到粉红色的气球上还有一个小笑脸，它好像在向我笑呢！它也在祝我生日快乐吗？我太喜欢这个气球了。

我就像一只毛茸茸的小鸡，在全家人的呵护下，健康快乐地成长着。

栽　蒜

当秋风吹落了枝上最后一片等待的树叶，当倦鸟衔走云端最后的惦念，突然间发现，距离那段苦涩的岁月已经很久，时光又在我身上游移了好多年。听，往事如风，吹开那段苦涩的童年。

那年我六岁。听说种大蒜比种小麦的收入多一些，母亲说服父亲，决定把五亩地全部种上大蒜。没有机械，全部靠人工。父亲用镢头，一下又一下，拉起沟儿来。栽大蒜的工作就属于我和母亲了。母亲先用篮子提着蒜瓣,把蒜瓣均匀地撒在地沟中,然后给我一个小瓢,反复告诫我平均二十厘米(相当于我的肩宽)栽三个蒜瓣,再把多余的蒜瓣拾到小瓢中,把不够的地方补上。看我学得差不多了,母亲又匆匆跑向地头,照顾两岁的妹妹和仅有一岁的小弟。

炽热的阳光下,我弯腰开始了漫长且机械化的劳作。一颗又一颗,蒜瓣被我栽进翻起的地沟中。一沟又一沟,一畦又一畦……此时的我头晕目眩,腰像要断掉一般地疼。母亲不是说过小孩没有腰吗?那我疼痛的地方又是哪里呢?剧烈的酸痛使我无法支撑,我只能跪下一条腿,栽完一点,往前挪一点,再栽一点,再往前挪一点。最后,我两条腿都跪在潮湿的地里,就这样挣扎着、坚持着。最后爬也爬不动了,我就坐着栽蒜瓣,栽完一点,往前爬一步,再坐着栽。地沟真长啊,我感觉栽了很多,但抬头看看,长长的地沟中却只有母亲撒下的白花花的蒜瓣。热辣辣的阳光下,它们似在挑衅:"来栽我啊,你能栽完吗?"而随风飘起的蒜瓣皮,看起来那么自由自在,又似在向我炫耀着它们的无忧无虑。"放弃吧!打死我也不栽了!"我告诉自己。但抬头看看比我更累的父母,再瞅瞅坐在地头哇哇大哭的小弟,我咬咬牙,继续重复单调的动作。但是,太累了,太累了,我只感觉浑身酸胀,头痛欲裂,眼皮打架……

不知什么时候,我被妈妈叫醒了,迷迷糊糊中,一股香气扑鼻而来,妈妈做了什么好吃的呢?我一下子清醒了。此时,我才发现天完全黑了。我已经躺在了床上,肚子正饿得咕咕叫呢!坐在床上,我吃到了妈妈亲手为我端来的记忆中最好吃的

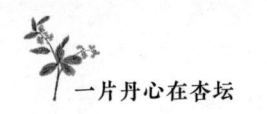

一顿饭：猪油泡煎饼。在这里，我有必要介绍一下它。母亲在快过年的时候，会把攒了一年的钱拿出来，用其中一大部分买便宜一点的肥猪肉，然后把肉切得碎碎的，放在锅里炼。等到肥猪肉里的油都被炼出来了，再把肉渣捞出来，等到除夕之夜，用肉渣包水饺吃。猪油中放入盐，等到盐完全融化，把猪油倒进早已准备好的大坛子中。一夜之后，猪油就会凝成诱人的白色固状物，香香的。这一坛子猪油，就是来年大半年全家的炒菜用油。所谓猪油泡煎饼，就是把煎饼撕碎放进碗中，舀上一到两勺猪油，然后用开水泡透，就形成了一道"人间美味"。在我们家，只有顶梁柱父亲累极的时候才能享受这个待遇，我也只是在父亲吃的时候尝过一勺。

要知道，能痛快地吃一碗猪油泡煎饼，是我儿时最大的梦想啊！今天能够梦想成真，一定是妈妈奖励我能干。因为我明显感觉猪油放得好多，真香啊。

如今的我，惬意地享受着跟家人在一起的幸福生活。喜欢在闲暇时泡上一杯绿茶，让淡淡的茶香氤氲满室。阳光暖暖地照进来，任如风的往事从耳边吹过。

端起茶水，细细品味，微涩而清香，正好符合此时的心境，真好！

（此文写于 2008 年）

作文审题立意及下水作文之一

阅读下面的材料,根据要求写文章。

鲁迅先生告别百草园时,是那样动情:"总而言之:我将不能常到百草园了。Ade,我的蟋蟀们!Ade,我的覆盆子们和木莲们!……"在你的生活中,也一定感受过这样的时刻,那段日子,一定盛满了……

请以"告别"为话题,写一篇文章。不少于600字。

审题及立意

1. 第一步:"告别"是一个词语,我们首先要通过补充成分使词语表达的意思清晰,就像材料中"鲁迅告别百草园"一样。添加的成分可以在前,"什么人(物)告别",也可以在后,"告别什么人(物)"。这样,写作的过程中就要突出添加的成分,把成分添加完整,"什么人(物)告别什么人(物)"。

一般来说,写作的中心,仍然体现在"告别"上。

2. 第二步:我们要弄明白一点,能做出"告别"这一动作的不仅仅是人,而是一切具备生命特点的东西。所以说,做出"告别"这一动作的既可以是人,也可以是物。我们先来分析这里的"物",它可以是古人所说的"杨柳依依,似牵衣待话",那就是"杨柳的告别";也可以是一条知道自己即将被送走的狗在内心对主人的告别,那就是"狗的告别";据说,大象从不死在自己生活的地方,临终之时,它会对曾经有过美好生活的地方有个告别,那就是"大象的告别"……

再分析"人"的告别。我们一般会想当然地认为,写告别,当然是写"我"的告别,其实不然。把视野打开,我们可以写今人的告别,也可以写古人的告别。

先分析今人的告别。可以写参军的哥哥对家乡的告别,家中的亲人对外出打工或上学的人的告别,甚至是车站上一个告别的场景……凡此种种,不一而足,都可以入文写作。当然,也可以写自己的真实告别经历。

我们再来分析古人的告别。任何一个读过古诗词的同学都知道,由于交通落后,人们抒发思念或离别之情,成为古代文学中一个常见的主题。离别就会有告别,思念一个人时更会回忆曾经的告别场景。所以,选取古诗词并仿写,你也可以把古人的告别写得荡气回肠。

3. 第三步:这一步要弄清"告别"的对象。这里的告别对象既可以有生命特征,也可以无生命特征。如果告别的对象为人,就可以写亲人、老师、同学等;如果告别的对象为物,那就可以写初中生活、母校等。不过这些是任何人都能想到的,如果不能在这些老题材上写出新花样,文章就会变得人云亦云、俗不可耐。写人未曾写的,或者大部分人未曾想到的,往往会让人眼前一亮。譬如,武则天告别她的龙椅、屈原告别楚国等。

4. 第四步：经过立意方面的思考后，再选定要写的一两个具体故事，但不要急着动笔，要想想自己擅长表达哪种类型的感情，把故事和感情结合起来，文章才能达到最佳效果。譬如，经过审题、立意等环节之后，我选定了两个写作主题：屈原告别深爱的楚国、马致远告别自己的爱人。屈原的告别，能够写得大气磅礴；马致远的告别，能够写得细腻哀婉。平时写作时，我更擅长表达细腻的情感，再加上一直偏爱古代文学，所以我决定选"马致远告别自己的爱人"来写。但这个选材显得有些普通，我就结合马致远的代表作《天净沙·秋思》，让主人公回忆自己的告别场景，为文章增添一些新意。

下水作文

异乡的思念

枯藤，老树，昏鸦。

小桥，流水，人家。

我是一个落魄的书生，在这个黄昏，骑着一匹瘦马，走在苍凉的古道上。看着别人温馨的家园和袅袅的炊烟，思念之情，油然而生。

想起与你告别的那个春日，杨柳依依，似牵衣待话。你我执手相看，竟无语凝噎。未登程，你双唇轻颤，先问我归期。看着你憔悴的容颜，我心悲戚，不敢正视你的双眸。强忍满心的悲怆，我艰难回答"君问归期未有期"。是上天在埋怨我的无情吗？为何空中突然飘起了细雨？一对相亲相爱的燕子倏地从眼前飞过,泪从你的脸颊无声滑落。"落花人独立,微雨燕双飞。"你突然吟出这句词,我的心忍不住颤抖。"一夜芙蓉红泪多",会是我离开后的你吗?多少次,我对自己说,不要为了那个"佐国心,拿云手"的追寻之梦离开你。但"丈夫志四海",我必须告别你,我的爱人,远方是我的追寻,请你懂我这颗执着的心。

披上你昨夜为我密密缝制的夹衣,跨上嘶鸣催叫的马儿,我在心里安慰自己:"丈夫非无泪,不洒离别间。"我发誓,衣锦还乡之日,共剪西窗烛之时,再诉今日告别苦。毅然决然地,我转身离去。嗒嗒的马蹄声仓促地敲打过熟悉的青石板小路,想象得出,你落寞的眼神正追随着我的背影远去。爱,就是如此期待;告别,就是如此无奈。

如今,在这个异乡的黄昏,黄叶铺满大地,西风正紧,北雁南飞。因为与你的告别,我只能独自承受这份孤独;因为与你的告别,我只能任思念绵延如毒蛇,噬咬着悲伤的心;因为与你的告别,我的爱人,我决心坚持去追寻……

作文审题立意及下水作文之二

阅读下面的文字,根据要求写一篇不少于 800 字的议论文。

一天夜里,一场可怕的风暴刮过树林。许多树被刮倒了,到处都是树枝。一棵长在河边的橡树被刮到水里,顺流而下。

橡树在河中漂流的时候,发现两岸仍长满芦苇,它觉得很奇怪:"你们是怎样活下来的?"

"这没有什么可奇怪的。你跟风暴硬拼,所以你被摧毁了;我们为它让路,所以我们得救了。"

全面理解材料,但可以选择一个侧面、一个角度作文。确定立意,自拟标题,不要脱离材料内容及其含义作文,不要套作,不得抄袭。

审题及立意

写传统材料作文一般有五个步骤:第一步是引用原材料;第二步是分析原材料;第三步是由原材料得出一个观点;第四步是围绕这个观点联系历史或现实展开论述;第五步也是最后一步,结合材料,重申观点,总结全篇。

近两年,材料作文又有被重视的趋势。我们今天写材料作文，固然可以沿袭传统的五步法，但是也不必完全受这一格式的拘泥。只要能够全面理解材料，提取观点，展开论述，有理有据即可。但不可忽视的一点是：文章最好能概括使用原材料。当然，材料的使用方法灵活多样：可以放于开头，引出观点；可以放于中间，当作论据使用；也可以放在结尾，重申观点。无论怎样使用，切忌照抄原材料。

材料作文的审题，最重要的是抓住重点，提取观点。

材料共有三段。第一段交代风暴来袭，橡树的不幸遭遇。第二段描写风暴袭过，芦苇依旧的情形。第三段告诉我们出现这两种结果的原因：硬拼的结果是被摧毁，而让路的结果是得救。看明白材料后，材料的重点信息落在第三段就显而易见了。第三段的重点信息又是什么呢？条件分别是"硬拼""让路"，结果分别是"被摧毁""得救"。条件是"让路"，也就是说，"不让路"就是"硬拼"。如果作文中运用正反对照的论证方法，也就把"不让路"即"硬拼"体现出来了。

鉴于此，我们可以从两个角度立意。

一是学会"让路"。与这一立意有联系的是"退一步海阔天空""谦让""低头"等。

二是学会变通。人无力改变客观环境的时候，就应该学会变通。只有学会变通，才能够保存自己，走向成功。与这一立意有联系的是"当屈则屈"等。

比较这两个立意，显然是第二个更好一些，但我还是选了第一个立意。原因有两个：一是"让"直接来自原材料的"让路"，更容易让阅读者接受；二是我更想联系现实生活中的小事去写，让文章起到"春风化雨，润物无声"的作用。

下水作文

"让" 使我们走向崇高

橡树与风暴硬拼因而被摧毁，芦苇为风暴让路反而得救。这组鲜明的对比向我们昭示了一个道理：让者便人，让者自救。芦苇犹且懂得这个道理，做人更应如此。

古往今来，无数人把"让"看作一种修养，一种气度。赵国相如，因廉颇"宣恶言"，见而"引车避匿"，一让再让，终有"将相和"的故事流传后世，家喻户晓；西汉韩信，面对挑衅，要么血溅街头，要么钻胯而过，是"让"的气度使他从容选择了后者，终成一代名将；被困井下的煤矿工人，面对即将塌陷的矿井，人人想到他人，人人愿为他人让路，最终全部井井有条地安全撤出。他们的身上，无不表现出一种高深的修养。

这使我想起一句俗语：退一步海阔天空，让三分心平气和。清代张英早就实践了这一真理。家人邻居，建宅兴业，各不相让。张英闻此，手起笔落："让他三尺又何妨？"邻居吴氏惭愧，亦退让三尺，于是有了闻名遐迩的"六尺巷"。这就是"让"的力量，化干戈为玉帛，心平气和，海阔天空。

可是大街上，我们经常可见这样的情景：为了抢先一步，两辆车互不相让，结果轻者车辆剐蹭，重者车毁人亡。假如车主能明白"让"的重要性，那就不至于酿成大祸，甚至搭上自己的生命了。这样说你可能觉得有点危言耸听，那么，你有没有与父母争得面红耳赤的时候？有没有与同学吵得不可开交的时候？结果呢，伤害父母，失去友情，弄得心情"凄凄惨惨戚戚"。假如你懂得关键时刻"让"一步，那么亲情会更加温暖，友情会更加和谐。所以我说，让者便人，让者自救。

当道路狭窄时，我们停下来，对对方说："你先走。"当公共汽车上座位不够时，我们站起来，对老人说："您先坐。"当餐厅里人很多、很挤时，我们退一步，对同学说："你先来。"……正是这许许多多的"让"，使生活中充满温暖的阳光，我们因此走向崇高，社会也因此走向和谐。

当然，我们提倡的"让"，并不等于无原则的让步。"让"要有一定的分寸和原因，当让则让是修养，不当让而让是软弱。

不要为点点滴滴而念念不忘，也不要为区区小事而耿耿于怀。学着做一株芦苇吧！当风暴袭来时，让一让，狂风吹过，我们还会勇敢地站立。

作文审题立意及下水作文之三

以下面的材料为素材,写一篇写人记叙文。要求以小见大,写好细节,不少于800字。

父亲背着犁走在回家路上,被一块玻璃扎破了脚。我气愤地骂着,随手把玻璃狠狠抛出去。父亲看了我一眼,带着流血的伤口走下水田,摸出那块玻璃,放在口袋里。

审题及立意

高一以练记叙文为主,但这次的作文题目提供了材料,实际上降低了作文难度。材料描述的事件很简单:"我"将扎破了父亲脚的一块玻璃随手扔掉,父亲却又找回那块玻璃放进口袋。如果说得再准确些,其实就是把这一事件扩写成一篇不少于800字的记叙文。

这件小事是材料提供的,主题比较明确:通过赞扬父亲这一高大形象,提倡做人应关心他人、心中有爱;关爱他人应该落实到具体行动中,善于为他人着想,勿以善小而不为。

就材料而言,细节描写可以写三处:父亲被玻璃扎破脚的情景,"我"把玻璃抛出时的情景或心情,父亲带伤找玻璃的情景。写作的过程中,我们要灵活处理,可以把其中的一处或两处用细节描写的手法表现出来，也可以把与主题有关的地方添加细节描写，但主要还是以材料提供的三处细节描写为主。

这次作文要求我们写一篇写人记叙文。

首先，记叙文的"六要素"要明确，即时间、地点、人物、起因、经过、结果。材料没有交代故事发生的具体时间，但提到了在干完农活回家的路上，于是我把事件发生的时间设定在傍晚，原因有二：一是干了一天农活，很累、很疲劳的父亲却依然想着玻璃可能伤及他人，又下水摸出扎到自己、被"我"扔掉的玻璃，这样更能烘托出主人公的高大形象；二是干了一天的农活，父子俩肯定很饿，匆匆赶在回家的路上，可能没注意到地上的玻璃，被扎到这一场景就显得真实自然。地点是在回家的路上。人物是"我"和父亲，但主人公是父亲，应在塑造父亲这一人物形象上浓墨重彩，关于"我"的笔墨不能太多，写"我"是为推动故事情节的发展和烘托父亲这一形象。事件的起因、经过、结果，材料中都有明确的交代，我们在这里不再赘言。

其次，这篇文章要求以小见大。材料给出的事件确实很小，但这件生活中的平凡小事，展现了父亲的高大形象，父亲身上体现出一种高尚的精神。所以我将主题（中心）确定为：赞扬并提倡"心中有爱，心存他人"的精神。

再次，要求写好几个细节。写作的过程中，我刻意描写了两处细节。一处是扎破父亲脚的玻璃的形象，写那块玻璃"仿佛一个得逞的恶魔，嘴角沾着父亲的鲜血，正得意地笑着，像是在炫耀它的锋利"。这一处，我刻意浓墨重彩地强调了一下。因为越形象地写玻璃的锋利，越说明若是把它扔在水田中,它一定会再伤到别人,越能表现父亲"心中有爱,心存他人"的高大形象。第二处是父亲带伤走下水田找玻璃的情景。找玻璃时的耐心、第二次被扎后的痛苦、找到玻璃后的轻松,都充分表明了父亲为他人着想的精神。

最后,我还用详写的形式安排了两处伏笔。其一是"我"催父亲回家时,父亲陶醉地欣赏土地的情景。这一处看似无用,实则与主题联系紧密。试想,一个农民假如连自己赖以生存的土地都不热爱,怎么会"施爱于人"呢?其二,我详写父亲因体谅母亲洗鞋之苦而把鞋子掖在腰中的做法。孟子曰:"老吾老,以及人之老;幼吾幼,以及人之幼。"父亲爱自己的妻子,再由爱身边人延至爱所有人。所以,这两处伏笔,实则是为后文故事情节的发展做铺垫。

下水作文

那块带血的玻璃

傍晚,我与父亲终于犁完最后一块稻田。长舒了一口气,我一屁股坐在地头,此时才感觉肚子饿得咕咕叫,远处,袅袅的炊烟更勾起了我对食物的渴望。

于是我心急地催父亲快点回家。这时的父亲,正满脸陶醉地欣赏着刚刚犁完的稻田,像自豪的将军正在检阅自己心爱的部队一样。听到我的催促,父亲弯腰拾起鞋子,淡淡地说:"反正脚脏了,别把鞋子再弄脏了,省得你妈洗。"边说边把鞋子掖在腰上。我劝道:"爹,还是穿上吧!把脚扎破就不值了。""没事，我经常赤脚，练出来了。"父亲扛起地边的犁，"走吧！你妈也该把饭做好了。"沉重的犁，佝偻的背，父亲向前走去。

父亲毕竟年纪大了，我伤感地想。就在这时，父亲背犁的身子一歪，我一惊，赶紧上前扶了一把。"被什么东西扎了一下。"父亲坐下来。血，我分明看到一块三角形玻璃正扎在父亲粗糙的脚底上，不断流出的鲜血已经快把玻璃染红了。我心疼地埋怨父亲："让你穿鞋你偏不穿！"边说边快速地帮父亲拔下这块可恶的玻璃。那玻璃仿佛一个得逞的恶魔，嘴角沾着父亲的鲜血，正得意地笑着，像是在炫耀它的锋利。我恨恨地扬手，把带血的玻璃扔向远处的水田。

父亲神情复杂地看了我一眼，眼中充满责备，更有伤感。一转身，父亲竟一瘸一拐地走下水田。"爹，你疯了？你的脚还流血呢！"我喊。父亲像没听到一样，仍坚定地一瘸一拐地向远处走去。终于，他艰难地走到玻璃掉落的地方，眉头紧锁，眼睛细细地瞅。突然，父亲紧皱的眉头猛跳了一下，好像踩到了什么东西。缓缓地，父亲从自己脚下摸出了一块玻璃——就是我扔掉的那块！从水田返回的时候，父亲走得更艰难了，但看起来又如释重负。我含着泪扶住父亲。"不捡起来，别人也会被扎到的。"父亲一边语重心长地说，一边小心翼翼地把那块带血的玻璃放进口袋，转身背起犁，蹒跚地走了。

望着父亲一瘸一拐的佝偻背影，我突然觉得父亲是如此高大。我忘不了父亲那责备的眼神，忘不了父亲那朴实的教诲。那块带血的玻璃将会化为一句话，一生一世刻在我的心中：心中有爱，心存他人。

作文审题立意及下水作文之四

请以"感恩"为话题,写一篇不少于800字的议论文。

审题及立意

本次作文只要以"感恩"为写作对象,提出明确的立意角度即可,但要注意以下三个问题:首先要明确感恩的对象是谁,个人抑或国家,如感恩父母把我们养育成人、感恩老师教会我们知识、感恩陌生人在我们遇到困难时伸出援手、感恩祖国带给我们坚实依靠;其次要论证感恩的重要性,即为什么要感恩;最后要提出解决问题的方法,论证如何感恩,谈感恩应落实到实际行动中,谈感恩的具体做法。提出问题,分析问题,还要解决问题,这样写出的文章才会有深度。

下水作文

学会感恩,让人生充满芬芳

康德曾说:"世上只有两种东西令我感动,一是仰望夜空时璀璨的星空,另一个是人世间至高无上的美德。"懂得感恩是一种至高无上的美德。因为感恩，才会有这个多彩的世界；因为感恩，我们才会懂得生命的真谛。

感恩是一种回报。感恩是结草衔环，是滴水之恩涌泉相报，是"投我以木桃，报之以琼瑶"。感恩是豫让"士为知己者死"的精神。为报智伯知遇之恩，他吞炭为哑，残身苦形，终使赵襄子脱下贵族华服，拔剑击之，最后伏剑自刎。感恩是伯牙摔琴的知遇之恩。因伯牙擅长弹琴奏乐，子期擅长听音辨意，二人心有灵犀，结为知音，并约好来年相会论琴。不幸子期早逝，伯牙痛惜伤感，摔破古琴，不再弹奏，以谢知音。感恩是韩信千金以谢漂母。因贫寒时得漂母救济，富贵之时，韩信不忘漂母一饭之恩，四处寻找，终以千金相赠。

感恩是一种生活态度。学会感恩就是学会懂得尊重他人，对他人的帮助时时怀有感激之心。一句叮咛、一次微笑、一份关爱，只要我们的心中常怀感恩，我们的生活便会拥有一处处动人的风景，我们的内心也会不断涌动着温暖、自信、坚定、善良等美好的品格。

感恩是一种美德，一种境界。在他人危难时，伸出温暖的手，解除别人的困顿；在他人迷茫时，指点迷津，使他明确前进的方向；甚至用肩膀、身躯，帮他人攀上人生的高峰。发现生活的美好，微笑对待每一天。这种生活的大智慧，能使我们感受大自然的美妙、生活的美好，能使我们保持积极、健康、阳光的良好心态。

祖国对我们有呵护之恩，社会对我们有关爱之恩，老师对我们有教育之恩，父母对我们有养育之恩。我们从出生的那一天，就在不断地接受，并在接受中成长。因此，我们要学会感恩。感恩不是为求得心理平衡的片刻答谢，而是发自内心的无言的永恒回报。带着感恩的心对待社会，就是要关心他人，不求回报；带着感恩的心对待老师，就是要感谢老师的谆谆教诲，按时完成作业；带着感恩的心对待父母，不是功成名就后挣很多钱给父母，也不是身居高位时让父母风风光光，只要我们在吃完饭后，主动收拾桌子、洗刷碗筷，只要我们在洗衣服的时候，顺手把父母换下的衣服洗好，就足以使父母欣慰，也是我们最好的感恩之举。

学会感恩，我们并不是一定要做惊天动地的大事，只需从身边的小事做起。当看到水龙头的水哗哗流淌时，就顺手把它关上；当发现走廊上的废纸时，就弯腰把它拣起；艳阳高照，教室里的灯还亮着时，就随手把灯关掉；看到公共汽车上有老人时，就自觉站起来让座。学会感恩，就体现在生活中这些举手之劳的细节上。

让我们学会感恩吧，它会让我们的人生充满芬芳！

作文审题立意及下水作文之五

请以"时间不会使记忆风化"为话题,写一篇不少于800字的文章。

要求:①自拟题目;②自定立意;③自选文体,且文体特征鲜明。

审题及立意

我们要理解话题中的两个关键词:记忆、风化。"记忆"可以是生命个体的记忆,也可以是一个家庭、一个国家甚至是整个人类的记忆。所谓"风化",本意是"由于长期的风吹日晒、雨水冲刷和生物的影响等,地表岩石受到破坏或发生分解",这里用的是其比喻义,取"消逝""遗忘""黯淡"等意思,其实就是对过往的遗忘,对历史的无视,对经验的麻木。概括地说,就是"时间使记忆风化"。这恰恰是本次作文立意的反面。时间不会使记忆风化,什么样的记忆才不会被时间风化?肯定是那些在人生路上烙下深刻印记的经历,或者是民族发展过程中刻骨铭心的事件。它影响人生的走向,影响历史的发展,具有长远的意义。昨天在今天延续,这样的记忆当然不会风化。本次作文的写作角度可大可小。小者写一己之情感，发一时之感慨，可以抒情，可以议论；大者可写一个民族甚至全人类的经历，思考那些重大历史事件的历史意义。总之，题目强调的是记忆的重要性。

不会被时间风化的不是一段普通的记忆，而是历经岁月洗礼仍然根植于脑海之中的记忆，因此应该写出这段记忆的独特性，或引人深思，或起到教育启迪作用。我想起暑假学车的那段日子，于是写成这篇下水作文。

下水作文

时间不能使记忆风化

"流光容易把人抛。"但时光无法抛却的，是心灵深处那些美好的回忆。

记忆的闸门忽然打开，一幅又一幅美好的画面在眼前展现，时间就这样停留在暑假学车的时候。

因为早就听说驾校的教练都很严格，还经常骂人，所以还没开始学，我内心就先惴惴不安起来。"我叫王纪胜，是你们的教练。"一个脸色黝黑，一说话就露出憨厚笑容的人自我介绍道。我不禁窃喜：这个教练，一看就是好脾气，看来我不会挨骂了。

于是我踌躇满志地上车了，没想到实际操作如此之难，手眼脚一点也没有办法协调。手握方向盘，脚就忘了踩离合；心思全在脚上，方向盘又不听指挥地在手中随意乱转。在教练的耐心指导下，好不容易协调好手脚，车又撞杆了，原来忘了看

"标志点"。手忙脚乱的狼狈之中，我大脑一片空白，只能傻傻地问教练："下一步干什么？接着呢？"教练边理论边实践，不厌其烦地再一次为我讲解。可是在我一次又一次失误后，教练的脸慢慢阴沉下来，我吓得心怦怦乱跳。教练啊，可千万不要骂我啊！我赶紧信誓旦旦地承诺："晚上回去我一定好好反思，保证明天进步。"

晚上回家后，我疲惫不堪，真想什么都不做，可是教练阴沉的脸就浮现在眼前，我赶紧把步骤回忆了一遍，感觉熟悉多了。临睡前复习了一遍，第二天早上一睡醒，我眼前像放电影般再想了一遍。这一次，我信心满满，一上车操作，教练就笑了："今天进步了。"我心里立刻溢满了欢快，像小学生得了老师的表扬一般，骄傲地昂着头，脸上挂着无法掩饰的喜悦。一起学车的朋友们笑着说："一看这笑容，就知道被教练表扬了。"

一天又一天，我在教练的表扬或批评中进步着。拿到驾照的那一天，我不禁百感交集：如果教练一味批评我，我能坚持下来吗？如果教练一味表扬我，我是不是会飘飘然而不知所以呢？

这不也像我们的教学工作吗？如果一直用和风细雨般的教育，学生就会成为温室的花朵，经不起任何的风浪；如果始终贯彻暴风骤雨，学生只会感受到人生的险滩暗礁，丧失自信。只有严爱结合、严爱有度，才能教育出自信、乐观并成功的学生。

"未觉池塘春草梦，阶前梧叶已秋声。"时间能使绿叶枯萎，能使容颜憔悴，但时间不能使记忆风化。忘不了在驾校的那些日子，忘不了亦慈亦严的王纪胜教练，更忘不了那段时间的收获与感悟。想起诗仙李白的《山中问答》，不禁模拟作之：问余何意考驾照，笑而不答心自闲。桃花流水杳然去，别有收获在心间。

一片丹心在杏坛

作文审题立意及下水作文之六

请以"诚信"为话题，写一篇不少于 800 字的议论文。

审题及立意

本次作文要求明确，对刚刚开始练习议论文写作的高中学生而言，本次作文能够让他们有话可说、有例可议，并且能对他们的人生观塑造起到积极作用。一般而言，做到由论证对诚信的理解，再到论证诚信的重要性，最后落实怎样做到诚信，即"是什么——为什么——怎样做"的结构，就能写出一篇比较好的议论文。

下水作文

诚信伴君行，人生多芬芳

人生活在社会中，就会与他人和社会产生关系，处理这种关系的一个重要前提是讲诚信。那么，什么是诚信呢？东汉的许慎在《说文解字》中这样解释诚信："诚，信也；信，诚也。"可见，诚信的本义就是要诚实、守信，反对隐瞒欺诈，反对弄虚作假。

诚实守信是中华民族的传统美德。对国家而言，诚信是良好的国际形象；对社会而言，诚信是正常的生产生活秩序；对个人而言，诚信是高尚的人格力量。因此，诚信不仅是一种品行，更是一种责任、一种准则，是我们立足于社会的宝贵的无形资产。

做人需要诚信，诚信赢得尊重。一个顾客走进一家汽车维修店，自称是某运输公司的司机。"在我的账单上多写点零件，我回公司报销后，有你一份好处。"他对店主说。店主拒绝了这样的要求，顾客纠缠说："我的生意不算小，会常来的，你肯定能赚很多钱！"店主告诉他，无论如何，自己也不会做这种事。顾客气急败坏地嚷道："谁都会这么干的，我看你是太傻了。"店主火了，他要那个顾客马上离开，到别处谈这种生意。这时，顾客露出微笑，并满怀敬佩地握住店主的手："我就是运输公司的老板。我一直在寻找一个固定的、信得过的维修店，今后我一定常来！"面对诱惑，不怦然心动，不为其所惑，店主坚守诚信的做人原则，赢得了固定的客户，更赢得了他人的尊重。

那么，怎样才能做到"讲诚信"呢？诚信首先应该是对自己的要求，只有自己做到了，才能要求别人。所以，我们要从自己做起，从现在做起，从具体的小事做起。诚实守信，身体力行，而不能人云亦云，随波逐流。诚实守信，重在实践，贵在持之以恒，勿以善小而不为，勿以恶小而为之。

作为中学生，恪守诚信，就是要对自己讲的话负责，言必有信，一诺千金。答应他人的事必须做到，上学一定要准时，作业及时上交，犯了错就要改正……如果在履行诺言的过程中情况有变，无法兑现诺言时，也要向对方如实说明情况并表示歉意。所以说，讲诚信要从点点滴滴做起。

与诚信相伴，人生一定会增加更多的芬芳与灿烂。

作文审题立意及下水作文之七

请以"原来他(她)是这样一个人"为题,写一篇不少于800字的文章。

审题及立意

本次作文审题的重点在于"原来"和"这样"两个词。"原来",说明对他(她)产生了一种认识上的变化;"这样"是"怎样",文章必须体现出他(她)的独特所在。外在的特点显而易见,但对他(她)认识上的变化难以体现,所以文章应该重点写出人物的品格或精神。

看到这个题目,我脑海中立刻浮现出一个外表普通但精神崇高的女孩,于是写下这篇文章。愿我们都能向她学习,每个人都献出一点爱,世界就会变成美好的人间。

下水作文

原来她是这样一个人

校园多花,尤其是春季。走在碧树绿草中,不经意间,就会发现一串艳红或一抹鹅黄正趴在草丛中,悄悄对你微笑呢!正如她,一个普通的女孩,在这个春意醉人的时节,微笑着向我走来。

那是一个周五的下午,终于完成了校刊新一期稿件的修改工作,我长舒一口气,匆匆来到学校文印室。因为校刊的排版任务很重,时间又紧,我央求她说:"明天是大休,但能不能麻烦你加个班,尽量快点把这期校刊排出来呢?"她为难地看着我,说:"明天我确实有事,实在对不起。"因为实在想早一天把校刊的排版工作完成,我不甘心地问了一句:"你忙什么呢?"她回答:"我参加了一个公益组织,明天要去帮一个患病的男孩募捐。我们基金会虽然每个人都捐了几百元,但还远远不够,所以明天我们要去商场为他募捐。"

什么!我不由对眼前这个普普通通的女孩肃然起敬。一直以为从事公益活动的,不是大老板,也是有钱人,眼前这个收入不高、扎着马尾辫的年轻女孩,多年来,竟然一直用自己的微薄之力默默帮助别人。我发自内心地赞叹:"你真伟大。"她却说:"比起那个叫葛文成的男孩,我觉得自己做得微不足道。"

葛文成,就是她要帮助的那个男孩,仅仅十八岁,患有肝癌。生命垂危之际,他竟然做出了一个惊人的决定——死后捐献眼角膜,帮助那些失去光明的人。这个花季男孩,成为我县第七位器官捐献者。说完,她正视着我,说:"我只是捐出自己的一点点工资,比起这个伟大的男孩,我觉得自己做得远远不够。"

我惭愧地低下头。比起这个普通的女孩,不,是这个伟大的女孩，我何其卑微！想起鲁迅笔下的人力车夫义无反顾地去帮助那个摔倒的老女人，那时的作者这样说："我这时突然感到一种异样的感觉，觉得他满身灰尘的后影，刹时高大了，而且愈走愈大，须仰视才见。而且他对于我，渐渐的又几乎变成一种威压，甚而至于要榨出皮袍下面藏着的'小'来。"此时，她，文印室的何晓丽，一个普通的女孩，也用自己高大的灵魂，榨出我皮袍下面藏着的"小"来。在她的引领下，后来，我与女儿也迈入了帮助这个男孩的行列。

　　她，何晓丽，就是草丛中的那一串艳红，正用青春的激情，渲染着校园的美好春天。她微笑着向我们走来，轻轻拂拭去我们精神的尘埃，温暖着我们每个人的心灵。

作文审题立意及下水作文之八

阅读下面的谚语，按要求作文。

每一条河都有自己的方向。（拉丁美洲）

理想是指路的明星。（俄罗斯）

只有希望而没有实践，只能在梦里收获。（菲律宾）

请以"_____的方向"为题，写一篇不少于800字的记叙类文章。

审题及立意

这是一个半命题作文，提供的材料选用了三条谚语，我们从中可以看出：河有方向，理想起到指引方向的作用，实践才能奔向梦想的方向。审题过程中，把思维打开特别重要。第一条谚语中说，每一条河都有自己的方向，"河"既可以指具体意义上的河，也可以指抽象意义上的河，而大部分写作者可能都会想到抽象意义上的河，所以我们这时不妨反其道而行之，把抽象的道理蕴含在具体的事物中。于是，我就想到运用拟人化的手法，写了这篇《一棵树的方向》。

下水作文

一棵树的方向

我曾是一棵秀美的大树,可是一场可怕的台风过后,我满头青翠的发饰被吹得七零八落,我也被连根拔起,痛苦地匍匐在大地上。往事一幕幕,像可望而不可即的浮云一般,从我眼前飘过……

记得我还是一棵小树的时候,总会羡慕地仰视着身边那一棵棵高大挺拔的绿树。它们尽情享受着雨露的滋润,树梢的那片绿叶,仿佛可以与蓝天白云私语……从此,我确立了自己的方向:努力长成一棵参天大树。为了这个梦想,我开始奋斗。根,深深地扎向大地;叶,极力地伸向空中。就这样,我渐渐变得茂盛,离自己的梦想也越来越近。

可是,为了别人一句轻易的赞美,我却失去了自己的方向。

那是盛夏的一天,一群人聚在我的身下乘凉,有人突然说:"这样的炎炎夏日,躲在树荫下,凉风吹过,真是舒服。"我心中美滋滋的。正当我陶醉在被人赞美的幸福之中时,又听到了这样的话:"可惜这棵树的树冠不够大,如果树叶再茂盛些,树荫更多些,我们就可以常常带孩子们来这里,这个夏天就容易度过了。"

我想,是啊,如果我努力把所有的养分都传输到我细长的手臂和苍翠的发饰上,那样,我的手臂会更强壮,我的发饰会更青翠,我投在地面上的阴影会更大,人们会更喜欢我。于是,我不

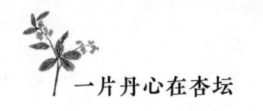

再把力量用在扎根上,而是把所有的营养都用到枝叶上。这样努力了一段时间后,我果然变得枝繁叶茂,喜欢我的人更多了。在同龄的伙伴中,我出尽了风头。伙伴们劝我说:"长得漂亮固然重要,但是你没时间扎根吸收营养,时间长了,身体会受不了的。"我把这些劝诫的话当成它们对我的嫉妒。带着狂热,我什么也不想,完全陶醉在自己取得的辉煌胜利之中,陶醉在成功的荣光之中。在这样幸福的氛围里,我简直要飘飘欲仙了。

一天,人群散后,长着白胡须的树爷爷一改平日的慈祥,严肃地对我说:"孩子,一时的漂亮不重要,踏踏实实地扎根才是最重要的。记住一句话:'墙上芦苇,头重脚轻根底浅;山间竹笋,嘴尖皮厚腹中空。'"树爷爷的根部很粗很粗,我俯下身子,看到粗壮的根从它的脚下蔓延出来,不知有几里!我突然醒悟,怪不得最近总是头晕目眩,大概就是根扎得太浅了吧。今天实在太累了,明天吧,从明天起,我要踏踏实实扎根,吸收营养,我还要完成自己的梦想呢!

只不过,一切都是黄粱一梦。那场可怕的台风来了,狂风毫不留情地撕扯我们的外衣,暴雨肆无忌惮地剥蚀着我们的身体。树爷爷焦急地呼喊着:"孩子们,别怕,我们使劲伸直自己的根,根挽着根,就没事。"我努力在地下伸直自己的根,寻找着伙伴们,可是因为这几年我把劲都用到了打扮上,我无论怎么伸直,都挽不到伙伴们的根。看着伙伴们根紧缠着根,抗击着台风一次又一次的侵袭,我着急地摆动自己的身体,想与伙伴们的叶相触在一起。可是因为我的头太重了,又一次狂风袭来,我沉重地倒在了地上。那一瞬间,我便已经不是昨日辉煌的模样。

现在，我奄奄一息，我能给予人们的，不再是美好的外表和荫庇，只是一堆凌乱的华丽。生命即将消逝的时刻，我把自己用生命取得的教训送给人们：选定自己的目标，就要坚定地朝着这个方向去奋斗，切不可为了别人的一句赞美，就轻易地改变自己的奋斗方向，也许那并不是你最初想要的呢！

第一章 经典之美

随笔篇

相信阅读

在生命的旅程中，读书可以帮助我们超越自身，从而不断走向开阔。教师要与学生进行生命与生命的精神交流，更应该多读书。

一、为什么要读书

不读书的教师生涯，是一种无休止的重复和受难。要避免这种痛苦和虚空，只有让自己沉入深邃的阅读之中。读书，就是生活，是像呼吸一样的本能。朱永新在《我的教育理想》中谈道："一个理想的教师，一个要成为大家的教师，一个想成为教育家的教师，必须从最基础的做起，扎扎实实多读一些书。"东北师范大学文学院的孙立权教授说："书架有两种，一种是屋子里的书架，一种是心灵书架。心灵书架比屋子里的书架重要得多。教师在自己心灵书架上存几本书，这就是底蕴；如果能在学生心灵书架上放几本书，更是功德无量。"

二、读什么书

教师必须为教育科研而阅读，此外，还要读一些文学类书籍及报刊。

特级教师李镇西认为,教研方面的阅读应侧重四个方面:一是经典教育理论书籍,包括教育学、心理学、教育史等著作;二是杰出教育家的专著,可以根据自己的情况,选择某一位或某几位教育家的著作做系统阅读,重点研究,譬如陶行知、杜威或苏霍姆林斯基的教育专著等;三是反映国内外教育研究最新观点、最新动态的教育报刊;四是反映青少年生活、心理的各类读物,包括学生写的和写学生的散文、小说、报告文学等。

三、怎样读书

1. 读书时要动笔。不动笔墨不读书,如果是自己的书,可做勾画,圈圈点点,加深印象;如果是借的书,就要做好摘抄,空闲时再拿出来看看、想想。其实,这些就是我们平时要求学生所做的积累工作,教师也同样需要积累。

记得筱敏的《山峦》一文,里面有一句话,我感觉写得太好了:

然而,恰恰是窒息生命的统治,使自由成为一种焦灼的渴望;恰恰是腐质土的堆积,迫使一种名叫崇高的生物直立起来,以流血的方式,不顾一切地生长。

我不由多读了几遍,怕记不住,又抄了下来。晚上李老师约我们一起逛植物园,看到月光下的大片郁金香,我想起了背过的句子,回去后就写了《夜游植物园》一文,化用了这句话:

眼前，果然突现同游者李君先前介绍的那一大片郁金香。星光下，一片红黄的海洋也许是厌倦了白日的喧嚣，束缚的身体内燃烧着对自由的焦灼渴望，此时它们正轻松舒展开自己柔美的肢体，曼舞的手臂间秀出最淳美的脸庞，轻诉着对夜幕的无尽爱恋。

因为植物园正在组织"金秋菊花展"，我就把这篇文章投稿参加活动了，文章后来发表在《日照日报》上。

2. 读书时要结合自身进行思考。那天听刘巨泽主任做《从听课评课向观课议课转变》的报告，我非常有感触。刘主任谈道："观课时，要设想自己该如何处理，不做旁观者。要置身其中，才能扎扎实实地提高自己的教学水平。"这一点，相信每个教师都有自己的独到体会。看到精彩的环节，内心忍不住赞叹不已，再联系自己的不足，立刻学习并运用到自己的教学中，相信每一位老师都能做到这点。但看到别人做得不足的环节时，我们是不是更常止于慨叹呢？深入一点的做法是告诫自己：我千万不能犯这样的错误。其实，我们还应该思考：是什么原因造成了这样的不足？这样的不足会产生什么结果？怎样改正这一不足从而提升自己？如果我们真这样做到了，相信我们的教学水平会突飞猛进地进步的。

读书也是这样，需要思考。有时读书，我们会很奇怪：作家竟然写出了我的心里话，我曾经也有这样的想法。有时会慨叹：作家想得或做得真好，他的文笔怎么这么好呢？仅仅把思考停留在这个层次上，那就再也不会有下文了。白居易遇到沦落而委身为商人妇的琵琶女，如果他仅仅停留在痴迷琵琶声，那就不会有《琵琶行》流传后世。正是因为他深入思考"为什么琵琶女的歌声能深深打动我",并得出"同是天涯沦落人,相逢何必曾相识"的结论,我们今天才能读到这样的名篇。

读书时,思考文章好在哪里,我从中能收获什么,哪些理论能学着运用到我们的教学中,这些都至关重要。我至今仍很感谢在《语文教学与研究》中看到的一篇文章。忘了作者是谁,只记得授课教师在一个雪花飞舞的日子,让学生们讨论关于雪花的古诗词。我突发奇想,也想上这么一节雪天的语文课。但是一节课的时间,只讨论关于雪花的古诗词,显得单薄。当时我正好教高三,学生在学语言运用中的短句化长句,我就想,不如让学生先说说雪的特点,再融入高考的知识点,让学生联系古诗词,最后写一个片段——雪天发生的美丽动人的故事。这样,既让学生熟悉了高考的知识点,又让学生复习了文学知识,还对学生加强了美的教育。结果可想而知,看着窗外纷纷扬扬的大雪,学生参与的热情高涨,这节课的效果非常好。我把这节课进行了整理记录,多次参加评选并获奖。后来,我试着把它投到我非常喜爱的杂志《语文教学与研究》,竟然在"课堂实录"栏目发表了。这不得不归功于我最初读到的那篇文章,当然,也与我阅读时深入的思考是分不开的。

3. 读写结合,要学会逼自己。读是吸收,写是表达。我们读书时总会有所感动、有所共鸣、有所联想,这时我们就要拿起笔,把这种感动、共鸣、联想写下来。写的东西不一定用来发表,随心所欲,或写一段话,或写几句话,积累起来,过一段时间拿出来看看,说不定就能升华出一篇好的文章。

"不是不想读书,是实在太忙了。又要管学生,又要管孩子,太累了,哪有时间读书、写作呢?"这往往是我们放弃读书、放弃写作的借口。有两种方法送给大家。

一是用孩子逼。很多家长总是抱怨:"我的孩子不爱读书,怎么办呢?"对此,我总是一针见血地回答:"那一定是因为你不爱读书。"父母不爱读书,不能给孩子提供一个读书的氛围,孩子怎么会爱读书呢?为了孩子,我们就从自己做起,逼自己读书吧!

二是不妨把自己置于无退路的境地。记得看过一篇名为《曾国藩的"微博"》的文章:

曾国藩年轻时是个愤青,"自负本领甚大,每见人家不是"。30岁时意识到自身的不足,立志学做圣人。他的方法就是写日记,不过他的日记与一般人不同,很像今天的微博。

……

例如,他曾在日记中立誓"夜不出门",但还是经常"仆仆于道"。道光二十二年十月二十四、二十五两天,京城刮起大风,他仍然"无事出门",回来深切自责:"如此大风,不能安坐,何浮躁至是!"十二月十六日,菜市口要杀人,别人邀他去看热闹,他"欣然乐从"。

内修效果不理想使曾国藩认识到,光靠自我反思、自我监督是不行的。于是他把日记公开,让众多的眼睛看着自己,并且通过亲人朋友的"跟帖"、点评,点醒和提示自己,形成强大的外在监督力量。用他的话说就是:"势必有所激,有所逼,才能有所成。"

完全靠自己监督自己,往往靠不住,人都是在外界的压力之下,才能做出真正的改变。我们不妨学学曾国藩,给自己一些读书、写作的压力。

总有一种力量在吸引着我们,总有一种声音在召唤着我们,那就是阅读!只有阅读,才能给我们带来无限丰富、迷人的精神世界。请相信岁月,相信种子,相信——优秀的教师是读出来的。

赌书消得泼茶香

李清照在《金石录后序》中如此记载："余性偶强记，每饭罢，坐归来堂烹茶，指堆积书史，言某事在某书、某卷、第几叶、第几行，以中否角胜负，为饮茶先后。中即举杯大笑，至茶倾覆怀中，反不得饮而起……"因此清代纳兰容若有"赌书消得泼茶香"之句，言夫妻读书之乐。

幸福的教师当如李清照，爱读书，广读书，让氤氲蔓延的书香时时伴随左右。"腹有诗书气自华"，熏陶渐染，影响学生，使学生"如入芝兰之室，久而不闻其香，即与之化矣"。当学生也变得热爱读书时，我们就会如幸福的易安居士，"乐在其中矣"。

幸福的教师当如李清照，以游戏的方式体会读书的乐趣。因读书之多，心有底气，故敢于"赌书"。我们不妨作此一试：要求学生背书，自己首先背熟。开头、结尾如何背诵，第几段该如何背，背诵的哪句话可做什么作文的开头或结尾，背诵自己喜欢的句子有何感想；读到好书推荐给其他同学时，推荐语如何写；师生之间、同桌之间互相"炫耀"所读之书，看谁读的书多……

如此，乐趣之多，幸福之多，可谓数不胜数。李清照的幸福是"赌书消得泼茶香"，我们不妨也创造属于自己的独特幸福，"读书享受乐趣多"。

一片丹心在杏坛

一朵优雅的白莲
——读白落梅的《你若安好　便是晴天：林徽因传》有感

  有多久没有像这样喜欢一本书了。小心翼翼地捧着，如痴如醉地读着，目之交睫的那一刻，才是放下此书的时间，睁开惺忪睡眼的第一个动作就是捧起此书……这本书深深吸引了我，因为作者白落梅凭一支素笔，写尽山水风情、岁月静好，刻画出人人心中的仰望：一朵优雅的白莲。

  "我说你是人间的四月天/笑响点亮了四面风/轻灵在春的光艳中交舞着变……"她，一袭白裙，如一朵静静的白莲，优雅地行走在人间的四月天，让徐志摩怀想了一生，让梁思成宠爱了一生，让金岳霖默默守护了一生，更让世间形形色色的男子仰慕了一生。她，就是林徽因。

  1904年6月10日，一个粉琢玉雕的女孩降生于杨柳依依的杭州官宦世家：祖父林孝恂乃清朝进士，祖母游氏也出身名门，典雅高贵；父亲林长民既善诗文、工书法，又于日本受过新式教育，后来成为这个女孩的启蒙老师；姑母林泽民也是清末大家闺秀；唯一"美中不足"的是母亲乃浙江富商之女，既不懂琴棋书画，又不善操持家务，似乎与这个被文化浸染的家庭格格不入。这个女孩的降生让杭州城陆官巷的林宅沉浸于巨大的喜悦之中,祖父亲自从《大雅·思齐》中的"大姒嗣徽音,则百斯男"取"徽音"二字为其命名,希望这个女孩具有美好的品德。1934 年,为避与当时一男性作者"林微音"相混,她改名为"林徽因"。

黛瓦白墙,亭台水榭,微风细雨,一座朱门苔院,几树似雪梨花,还有那越过古墙的藤蔓……诗意的江南,氤氲出这朵白莲的温婉与纯净、轻灵与娇妍、端庄与优雅。姑母大家闺秀式的教育,总令她不由自主地在每一个霞光掩映的晨晓或暮色低垂的黄昏,捧一册册线装书静静品读,情不自禁地为一朵花低唱,为一片云驻足,为一滴雨感动。在每一个人间四月天,她用春水煮茗,赏桃柳抽芽,成为摇曳在江南枝头的永远风景。

红尘陌上,她的心灵开始独自行走。她爱那个称自己为"天才女儿"的父亲,也爱那个给她温暖关怀的母亲,却总无力拉近父母的心灵。多么渴望,父亲的那柄油纸伞,轻轻遮住母亲已湿透的屋檐。可是,一切奢望只是徒劳,她只能任父亲再娶新娘,只能看母亲咽泪装欢。她开始明白,原来绿萝可以拂过衣襟,青云也可以打湿诺言,山和水可以两两相忘,日与月也可以毫无瓜葛。

有人说,她是一个理智的女子,纵然爱到深处,也不肯热烈相拥。尽管热情的诗人为她写下无数情真意切的诗句,甘愿做她裙边的水草,深情相随,她也要决绝离开。不是不爱,只是怕被伤害。目睹过父母的感情,她怕璀璨过后只留一地的残雪。她不会像那个激滟风情的陆小曼,爱就破釜沉舟。她明白：徐志摩带给她的，是云中飘飞的浪漫；梁思成送给他的，才是细水长流的烟火幸福。爱志摩，爱到闻风柔软，看雨生情。可她终究是一朵白莲，纵然爱到深处，也无法绽放桃的妖娆。她穿行在百媚千红的世间，独爱至绝的白色，优雅地行走在人间四月，等待一树一树的花开。

从杨柳依依的陆官巷到烟花纷飞的蔡官巷，从开放活跃的上海到霸气显赫的皇城，从巴黎到日内瓦、罗马、法兰克福、柏林，她受过传统的教育，看过鲜活的世界；她领略过名山大川，结识过著名学者；她是旷世才女，又有自己的建筑事业。她像一只展翅的白鹭，在岁月的柳岸扶摇直上，掠湖而过，朝着想要的生活飞去。人间四月，姹紫嫣红的花开，每一朵都是她。她或莞尔微笑，或多情歌唱，成为永驻在我们心间的四月天。

香菱学诗

《红楼梦》第四十八回"滥情人情误思游艺,慕雅女雅集苦吟诗"中,"慕雅女"即指香菱。香菱立志学诗,因此一搬进大观园,就央求宝钗教她学诗,后拜黛玉为师,勤奋攻读,苦心钻研,最终写出了令海棠社众人肯定赞叹的"吟月诗"。

香菱从一个被拐卖的丫头变成海棠社的一分子,完成了从俗到雅的蜕变,她成功的原因有三个。

第一,香菱有学诗的兴趣。古人云:"知之者不如好之者。"又有人说:"兴趣是走向成功的前提。"香菱渴望学会作诗,一入大观园就央求宝钗教她;未获明确答复后,又恳请黛玉教她,终拜黛玉为师。后来,黛玉给她布置了一个作业:写一首十四寒韵的吟月诗。一夜苦思完成后,黛玉认为"过于穿凿"了,香菱便"挖心搜胆,耳不旁听,目不别视"。见她太痴迷,探春笑说:"菱姑娘,你闲闲罢!"香菱怔怔答道:"'闲'字是十五删的,错了韵了。"只"怔怔答道"这四个字,便可见香菱入迷到何种程度。这种痴迷便是兴趣的最高境界。可以说,兴趣使香菱走向了学诗成功的第一步。

第二,是香菱学诗有好问的精神。清代散文家刘孟涂说过:"问与学,相辅而行者也。非学无以致疑,非问无以广识。"就说明了问的重要性。求学的过程中，尤其需要好问的精神。《尚书》上说"好问则裕"，香菱正是实践了这一点。读完王维的五言律诗后，香菱赶紧去说给黛玉听，让她评价一下自己"领略的滋味"对不对。作出"月挂中天夜色寒"一诗后，她先请教宝钗，又问黛玉。黛玉给她指出缺点"措辞不雅"，好问使她得知，写诗应注意措辞。一夜苦思后，香菱写出了"非银非水映寒窗"，高高兴兴地又去请教黛玉，黛玉还是认为"过于穿凿"了。正是因为这种好问的精神，香菱积累了宝贵的写诗经验，最终写出令海棠社众人称赞的"精华欲掩料应难，影自娟娟魄自寒"一诗。

　　第三，也是最重要的一点，香菱学诗具备刻苦的精神。黛玉要求她先读王维的五言律诗一百首，揣摩透，再读杜甫的七言律诗一二百首，然后读李白的七言绝句一二百首。以这三个人的诗作底子，最后读陶渊明、应玚等人的诗。面对这一高要求，香菱的做法是："拿了诗，回至蘅芜院中，诸事不管，只向灯下一首一首的读起来。宝钗连催他数次睡觉，他也不睡。"且不说任务之重、要求之高，单就深夜苦读的精神来说，就足以让人敬佩。完成这一高要求之后，她又主动要求老师布置作业。"茶饭无心，坐卧不定"，全身心投入，只想作出好诗，连梦中都在作诗，其勤学刻苦的精神可见一斑。精诚所至，金石为开，香菱刻苦攻读，终于成功加入了海棠社。

　　俗语说"苦心人，天不负"，香菱以自己的经历实践了这一真理。今天，渴望成功的我们，是不是也要学习香菱的精神呢？

文学有什么用

无意中听到一对母子的对话。妈妈对上小学的儿子说:"孩子,你不能只看科学类的书,还应该看一些文学类的书。"儿子回答说:"科学能够发明创造,文学有什么用?"

孩子的话引起我的思考:文学有什么用?孔子说:"不学《诗》,无以言。《诗》可以兴,可以观,可以群,可以怨。迩之事父,远之事君,多识于鸟兽草木之名。"《诗经》是文学,但它能让我们认识鸟兽草木,甚至《诗经》中的许多诗句已成为道德格言和外交用语,有效地应用于人与人之间、国与国之间的交往。这充分说明,文学具有外在的、实用的价值。文学还能让我们感受四季之美,欣赏"百般红紫斗芳菲"的春之多彩,感悟"阴阴夏木啭黄鹂"的夏之热情,体会"无边落木萧萧下"的秋之壮阔,走入"千树万树梨花开"的冬之美景。文学带给我们无限的审美愉悦。

陀思妥耶夫斯基也说:"没有文学,我可能早就疯了,或者已经死去。"他认为,文学就是他的勇气、他的希望。巴金说:"我有感情必须发泄,有爱憎必须倾吐,否则我这颗年轻的心就会枯死。"所以,文学更重要的是其内在的、超越功利的精神价值。

文学有什么用？文学是与伟大灵魂沟通的途径。历史长河中那些不朽的文学作品，往往散发着作者睿智与慈爱的光辉。他们自己或许身处窘境，但他们往往超越个人的境遇，以自己悲悯的情怀，描写那些与自己一样身处困境的群体。读文学作品，便是与作者交流，与伟大的灵魂沟通。读《红楼梦》，仿佛大观园中那些性格迥异的女子就生活在我们面前，她们的一颦一笑，牵动着我们的心灵。透过这些鲜活的人物形象，我们更读出了作者曹雪芹的悲凉感慨："满纸荒唐言，一把辛酸泪！都云作者痴，谁解其中味？"是文学，让我们读懂了曹雪芹"批阅十载，增删五次"的艰辛；是文学，让我们体会到作者由华丽到落魄的沧桑经历；是文学，让我们感悟到文字的力量，一块石头的变化也能反映一个社会的变迁……

文学有什么用？我想，文学除了能够超越时空，带给我们与经典相识相知的灵魂交流外，还能让我们体会人生。文学是"儿童急走追黄蝶，飞入菜花无处寻"的童真童趣，是"书生意气，挥斥方遒"的青春激情，是"盛年不重来，一日难再晨"的中年之悟，是"莫道桑榆晚，为霞尚满天"的老之余热。文学更是人的绚丽追求：文学是爱国，是"苟利国家生死以，岂因祸福避趋之"的忠贞不渝；文学是敬业，是"春蚕到死丝方尽，蜡炬成灰泪始干"的无悔奉献；文学是诚信，是"海岳尚可倾，吐诺终不移"的铮铮誓言；文学是友善，是"老吾老以及人之老，幼吾幼以及人之幼"的推己及人。文学，让我们的生命变得丰富多彩。

文学有什么用？文学又可以内化为一种文化。记得读过这样一句话："文化其实体现在一个人如何对待他人、对待自己,如何对待自己所处的自然环境。在一个文化厚实深沉的社会里,人懂得尊重自己——他不苟且,因为不苟且所以有品位;人懂得尊重别人——他不霸道,因为不霸道所以有道德;人懂得尊重自然——他不掠夺,因为不掠夺所以有永续的智慧。"难道这句话不是文学吗?它分明又传达出一种文化。文学引领着文化去践行,我们的举手投足、一言一行,都体现着我们的修养和气质。你走过一棵树,树枝低垂,你是随手把树枝折断丢弃,还是弯腰而过?你走过一片冬青,是顺手摘掉一把叶子,还是静静欣赏绿意盎然的生命之美?看到水龙头的水哗哗流淌,你是把它关上,还是任它流淌?发现路上的废纸,你是弯腰捡起,还是任它存在?文学,引导人们思考如何对待自己、对待他人、对待周围的环境。

　　文学有什么用?我想说:假如没有文学,四季将失去色彩,生命将归于单调,文化会失去引领。假如没有文学,人生终将失去意义。

清明时节忆陆游

清明时节,春草青青,桃李初绽,游人如织。我想起了陆游写于清明节前夕的一首诗《临安春雨初霁》:

世味年来薄似纱,谁令骑马客京华?
小楼一夜听春雨,深巷明朝卖杏花。
矮纸斜行闲作草,晴窗细乳戏分茶。
素衣莫起风尘叹,犹及清明可到家。

此诗写于淳熙十三年(1186年),当时的陆游已六十二岁,在家赋闲了五年。少年时的意气风发已一去不返,壮年时的戎马轻狂被时间冲洗淡化。淡看庭前花开花落,闲观天外云卷云舒,平淡的日子充满了寂寥。可他的心,总在期待着什么。因为收复中原的报国之梦未改,报效朝廷的忠心志节未改,他多么希望有一天能"持节云中,冯唐忽现",于是日日做着同样的梦,"闲来垂钓碧溪上,忽复乘舟梦日边"。

这一年春天,喜讯真的传来,他又被起用为严州知府。想起年轻时的意气风发,"当年万里觅封侯,匹马戍梁州",如今却已"尘暗旧貂裘",无限辛酸,一时全都涌上心头。虽垂垂老矣，但他也许还能实现自己的收复中原之志。他满怀欣喜，踏上征途。在西湖边上的客栈里，期待着皇帝的亲自召见。

一天过去了，两天过去了……皇帝忘了吗？西湖的客栈中，还有一个徘徊的身影。百无聊赖，他只能日日练着草书，品着苦茶，消磨时光，夜夜难以入眠，"小楼一夜听春雨"。又一个清晨时分，杏花姑娘的叫卖声传来，想起李商隐的"秋阴不散霜飞晚，留得枯荷听雨声"。明媚的春光很快就会逝去，等到又一个寂寥的秋季来临，是不是自己也会像李商隐一样，静听雨打枯荷？

僵卧客栈不自哀，尚思为国戍轮台。可惜"京洛多风尘"，愁肠难解的郁闷化为淡淡的轻叹，"别是一般滋味在心头"，谁人能懂？无限的愤懑化为绵长的无奈，"素衣莫起风尘叹，犹及清明可到家"，何人可诉？

宋代诗人吴惟信说："梨花风起正清明，游子寻春半出城。"今日游于沭河之畔的我，感叹陆游一腔热血，虽无人能懂，仍执着向前。畅想今日的学子，恰青春年华，海阔天空，任君施展才华。在这个万物悄然生长的季节，愿我们每一个人，都能用激情奏响人生中一篇篇美丽的乐章。

做一株水边的垂柳

周末带女儿去婆婆家,行经闫庄时,突然看到几株旱地垂柳。在这个燥热而少风的季节,它们的身上落满一层厚厚的灰尘,就像饱经沧桑的妇人,在喃喃诉说自己的艰辛。偶然一阵轻风吹过,又像它们无奈的叹息。想起贺知章的《咏柳》:"碧玉妆成一树高,万条垂下绿丝绦。"写的一定不是这样的旱地垂柳吧。他写的应该是在春光明媚、芳草如茵、河水泛碧的季节,千万条垂下的柳丝,如体态轻盈、婀娜多姿的少女。微风拂过,它们兴奋地清洗自己长长的发丝,时而起舞弄倩影,尽展生命的灵动色彩。

缺少水,垂柳只能"满面尘灰烟火色,两鬓苍苍十指黑",有了水,垂柳却能"绊惹春风别有情"。水,带给了垂柳截然不同的生命色彩。

前几年,因为孩子小,我想给她养成好的学习习惯,晚上就很少给她开电视电脑。多少个静悄悄的夜晚,我陪着女儿读了一本又一本的书。正如明代名臣于谦所说:"书卷多情似故人,晨昏忧乐每相亲。"每每读到好的句子,我忍不住反复品读,一定要"据为己有"而后快;有所感所悟就赶紧铺开纸,奋笔疾书,写出一篇又一篇的文章。一分耕耘,一分收获。读书激发了我的思考，思考又促进了我的写作。前几年的暑期培训中，我的作业常常被指导教师推荐，有的还被专家组推荐，我也因此被评为优秀学员。那几年，在书海中畅游的我，应该就是水边的垂柳吧！因为读书，我的生命绽放出绚丽的光彩。

可是最近两年，因为女儿的学习习惯已经养成，自我管理意识也很强，我突然放松下来了，加上白天除了备课、上课，还要经常修改文学社的稿件、组织种种征文投稿等，我每天的感受只有一个字：累。所以晚上一回到家，我就想躺着看会儿电视。不愿读书，不动脑思考，结果可想而知。我想，缺少阅读的我就是那旱地的垂柳了，暮色苍苍，缺少灵动。去年与我一起参加远程研修但素未谋面的一位老师给我留言说："上次远程研修时我就记得鲁老师很有才华！所以今年刚开始培训，我就很期待你的文章。"我猜想，那位老师没说出的后半句应该是"没想到你今年的作品这么糟糕"吧！

后来静下心想想，其实"忙"只是一个次要原因，根本原因还是我心理上松懈了。我觉得自己把时间都用在了工作上，晚上就应该放松，也就心安理得地看会儿电视、上上网了。正是因为这种心理，我不再保持读书的习惯，成为一株旱地垂柳：只是活着，但是没有活出生命的质量。

因为缺少水的滋润，旱地垂柳尘灰满面，少了一份摇曳多姿的风情。缺少了读书，生命就缺少了一份灵动。感谢学校组织的读书活动，让我能够重新在静静的夜晚拿起一本本书，沉浸在读书的愉悦中。

积极地做一株水边的垂柳吧，尽展生命的灵动色彩。

留几本书在沙发

周末去一个朋友家做客,只见窗明几净,到处一尘不染。叹为观止的同时,我总感觉缺少了什么,等到朋友问我"为什么我的孩子不喜欢读书"时,我才豁然醒悟:原来她家里少了最重要的东西——书。于是我建议道:"留几本书在沙发吧!"

留几本书在沙发,累了时翻翻,让心灵徜徉在轻灵的世界中;无聊时读读,让自己的生活充满前行的动力;得意忘形时翻翻,让轻狂的心沉静下来;失意落魄时读读,那些书中的哲理、昂扬的故事会让我们重整旗鼓,引领我们诗意地前行……

好书,胜药。犹记得自己献血后在家休养的那一周,一个人闷闷地待着,无聊极了,是沙发上那本《红楼梦》陪我度过了那难熬的一周。以前读《红楼梦》只关注景物的精彩纷呈、人物的悲欢离合,而这一次的细品,我勾画圈点,遇到不明白的地方就查字典、找资料,读得不亦乐乎!无怪白落梅这样说:"真正的平静,不是避开车马喧嚣,而是在心中修篱种菊。"深入阅读《红楼梦》,就如在心中种下丛丛野菊,一任它肆意蔓延生长,茂盛的热情熏染了我们的全部心灵。等到身体康复重新踏入教室,我脸上满溢收获的喜悦。学生们打趣问:"老师,什么营养品把您补得红光满面?"我自豪地回答:"是阅读滋养了我的心灵。"

好书,如友。假日闲暇,与女儿相约比赛背诵朱自清的《匆匆》,我一段,女儿一段,且要背出韵味;每发现对方瑕疵,立刻毫不留情地指出,嘲笑一番,再得意扬扬地背一遍给对方听;自己背错一处,顿觉颜面无光,懊悔不已,决心在下一段的背诵中挣回面子。想起李清照与赵明诚"赌书消得泼茶香",而今虽无与爱人赌书之乐,亦有与女儿背书之趣了。

好书,助我成长。因为喜欢读书,我背下了一些句子,写作时喜欢引经据典,喜欢仿写或化用,以增加文章的诗意美。最喜欢宝玉初见黛玉时送其"颦颦"二字,探春问其出处,宝玉答,《古今人物通考》上说"西方有石名黛,可代画眉之墨。况这林妹妹眉尖若蹙,用取这两个字,岂不两妙"。于是学取宝玉,仿写许达然的"山是纵的远方",而写出"水是流动的远方";仿写李清照"闻说双溪春尚好,也拟泛轻舟",而写出"闻说北京香山节,也拟轻车行"。听程翔老师的课,我用《滕王阁序》中的一句作为观后感的题目《爽籁发而清风生,纤歌凝而白云遏》。修改女儿的作文《爱,不仅仅是蛋干》,我说开头缺少诗意美,改为:"爱是什么?对于母亲来说,爱是'慈母手中线,游子身上衣';对于朋友来说,爱是'海上生明月,天涯共此时';对于我来说,爱不仅仅是蛋干。"改学生的作文《丢失的"牙齿"》,我说论据与论证之间缺少过度,为了衔接自然,不如加上"孔子说'不义而富且贵，于我如浮云'……好书，就这样伴我成长，促我进步。"

好书胜药，滋养我们的心灵；好书如友，伴我们快乐生活；好书，助推我们成长，让我们得以在诗意中进步。

在沙发上留几本书吧！留一份期待，留一份长长久久的心灵之约。

第二章 生活之悟

随笔篇

雪　人

昨天，历经十月怀胎的妹妹终于成为一位母亲，疲惫至极的她被推出产房对我说的第一句话就是："姐，以前我总认为我们姐弟几个就是非常孝敬父母的人了，现在我才明白，我们的孝敬比起父母对我们的付出，真是微不足道。"

妹妹刚生完孩子就发出这样的感慨，她还不知道抚养教育孩子的过程更艰难，更需要含辛茹苦地付出。

不由想起我曾见过的真实一幕。那是一个寒冷的冬季，纷纷扬扬的雪花把大地变成了一个银白的世界，室内却是暖洋洋的。上午最后一堂课，我讲了二十多分钟，剩下的十多分钟让学生自己温习。洁白的雪花把我的视线引向窗外，这时的窗外，不知什么时候已站满了"雪人"。我想起来了，原来今天是周六——家长给学生送饭的日子。雪花依旧飞舞着，落在家长们的头上、肩上、眉毛上，他们更像雪人了。这些"雪人"静静立在雪中，等待着放学铃声的响起。一团团热气从他们嘴中呼出，瞬间被这寒冷的世界吞没。不对！别人都是从嘴中呼出热气，怎么有个"雪人"的胸口处冒出了热气？我惊讶地盯着她，无论如何也想不明白，那股热气究竟是怎么回事。

这时，放学铃响了，好奇心驱使我决心弄个明白。正当我走近胸口冒热气的"雪人"时,一个敏捷的身影倏地从我的身边窜了过去。"妈,您来了!"伴随着这个惊喜的声音,"雪人"的身边已多了一个十六七岁的红衣少女。"英子,你看,妈蒸了你最爱吃的豆腐卷。""雪人"边说边把手伸进怀里,掏出一包冒着热气的东西。"下雪路滑,我不敢骑车,就走了几里路;又怕凉了,就揣在怀里了。"母亲边用充满爱意的目光打量着女儿,边解释道。我恍然大悟,"雪人"胸口冒出的热气,原来是豆腐卷的热气。不,不是"雪人",是母亲。那股豆腐卷的热气中,也一定混杂了母亲的体温吧!蓦地,一股热热的东西从我的心中涌起。这个世界上,有多少无私的父母,正这样默默地为儿女付出。

"树欲静而风不止,子欲养而亲不待。"每教一届学生,我都会把这句话送给他们。不要想功成名就的时候挣很多钱给父母,也不要想身居高位时让父母风风光光,只要你在母亲唠叨的时候耐下心来听听,只要你在父亲训斥你的时候反思自己的不足,就足以使父母欣慰,这也是最好的孝顺。

清代诗人袁枚说:"亲在未敢言老。"我想说:"亲在好好孝敬。"不要等到想好好孝敬父母却丧失机会的时候留下遗憾,花开时节,让我们学会珍惜吧!

感动，就在身边

我是一个多愁善感的人，常常被那些风花雪月的文字感动得柔肠寸断，也常常被电视剧中缠绵悱恻的故事感动得泪流满面。我曾固执地相信：感动，离我们的生活很遥远。但那一夜，我彻底改变了这种想法。

丈夫在乡镇工作，工作又忙，照顾孩子的重任便落在了我一个人的肩上。那天，因为要开运动会，学校安排了两场会议。考虑到会议结束的时间会很晚，女儿没人照看，没办法，我只能带着女儿参加会议。八点多钟，女儿小声告诉我："妈妈，我想睡觉。"我矛盾极了：带着孩子开会，本来就是错误，再提前退席，岂不是错上加错！无奈，我选择抱着女儿让她睡觉，坚持把会开完。

会议结束时已经九点多了，女儿在我的怀中沉沉睡去。可是，女儿的书包和我自己的包还在办公室里。丁日红老师知道后，立刻让我在楼下等着，小跑着上楼帮我拿回了包。看到我没办法骑车，她又坚持要送我回家。想到丁老师家住得远，晚上她一个人走路也不安全，我谢绝了她的好意。

就这样，我背着女儿，手里拽着两个包，艰难地向家走去。走到小区门口时，我突然想起，钥匙好像被女儿放进了办公桌的抽屉里。但愿是我想错了,老天啊!保佑我的钥匙就在包里吧!我禁不住暗暗祈祷。这一刻,我是如此虔诚地相信非自然的力量。等到牙手并用,费尽力气打开包,事实却与我的祈祷相反——钥匙果然没在包中!怎么办呢?回办公室,没钥匙,没法开门;回家,更不可能。我就这样背着女儿,站在深秋的街头,处在进退两难中。昏黄的路灯把我的身影拉得好长好长。远处有匆匆的人路过,他们是在奔向温暖的家吧?而我,却有家无法归。孤独就这样弥漫开来,笼罩于天地之间,慢慢将我侵蚀,终至淹没……

真想停住疲惫的脚步,真想在这深秋的街头坐等天亮,真想任心中的委屈倾泻,化为泪雨滂沱。可是,背上酣睡的女儿却使我不能这样做。我在脑中迅速过滤住得离我最近的同事。尹爱芳老师?虽然她的孩子尚小,她的腰椎病也一直未好,但我只能向她求助了。电话一打通,尹老师的一句"好,你在家门口等着",让我一下子放下心来。

楼梯上,熟悉的脚步声传来,接过钥匙,我才注意到一向喜欢穿裙子的尹老师竟然一改往日风格,随意地披着一件大袄。"怎么穿上大袄了?""你打电话的时候我刚躺下,穿大袄还能快点来。"她淡淡地说。我一句道谢的话也说不出,但因孤独而冰冷的心却开始慢慢变暖,我也任这种温暖充盈了身体的每一处神经。

感谢丁老师和尹老师,在那个深秋的夜晚,在我最孤独、最无助的时候帮助了我。感谢我们身边的每一个人,带给了我们生命的温暖与感动。

现在的我,学会了珍惜身边的每一个人。因为我明白,感动,就在我们身边。

那些温暖的记忆

每次走过那片被隔离板阻挡的建筑工地，我的心总会像被尖锐的利器刺了一般痛好久。那个象征着乡情与乡愁的村庄已不在，留下我欢声笑语、见证我成长的老屋已不在，唯有那些温暖的记忆，一次又一次涌上心头，抚慰着我伤感的心灵。

想起每天中午与母亲在老屋的厦（农村自建房的凸出屋檐）前喝茶的温暖时光。因为爱那些精心养护的花儿，怕心爱的花儿受委屈，父亲坚持把厦用铝合金封起来。没想到，此举在成全了花儿的同时，也成全了我和母亲。父亲放置好花儿后，母亲惊喜地发现，还有一块小小的空间可供她安排。母亲就把那块小小的空间收拾得干干净净，放上一张小小的茶桌。每天午饭后，爱喝茶的母亲就会泡上一壶酽酽的茶，让我陪她喝茶。我不会品茶，只陪着母亲闲聊天，待母亲喝过几遍，我再喝些淡茶水解渴。

女儿陪母亲喝茶，当然要由女儿来斟茶了，可是母亲每次总能抢在我伸出手之前握住茶壶，絮絮叨叨地说："你上班忙，我在家闲着，你就安安稳稳地坐着歇会儿，我来倒茶就行……"在母亲眼中，女儿永远是个孩子，永远需要母亲的呵护与关心。

其实母亲怎么会闲着呢？为了让我们吃上自己养的鸡产下的放心鸡蛋，母亲在院子前的胡同里用纱网拦出一块空间，养了十几只鸡。母亲每天早上起床第一件事就是打扫干净养鸡的这块地方，然后与父亲把鸡笼抬出来，把鸡放出来后就要赶紧准备饲料，为了让鸡有充足的营养，还要把菜叶细细地剁碎掺进去。干完这一切，母亲才匆匆洗漱，然后做早饭。吃完早饭后，母亲又要操心午饭了，因为弟弟家的两个孩子、妹妹家的孩子，连同我和女儿，中午都会到母亲那里吃饭。一下子多出五张嘴，母亲要做好充足的准备，再精心地进行荤素搭配，以保证她的孩子们营养均衡。

直到伺候孩子们吃完午饭，母亲才真正拥有一点自己的闲暇时光。她心满意足地坐下来，一杯又一杯地喝茶，有一搭没一搭地与我闲聊，不时把慈爱的目光投向我，眼神里充盈的是满足与快乐。阳光隔着玻璃挥洒在我与母亲的身上，这一刻，时间仿佛停驻……

老屋也见证了父亲的转变。父亲年轻时，养家的艰难与繁重的劳动使他经常暴跳如雷，他动不动就为一件小事对我们大发雷霆。可是随着年龄的增长，父亲变得越来越慈眉善目、温情脉脉了，甚至会在看到我批评女儿时劝我说："孩子哪有不贪玩的，你好好说，不要吓着孩子……"眼前的父亲，哪里还有年轻时对我们兄妹横眉瞪眼的样子呢！

想起那年春节前，家里一直沿袭老传统，要蒸各种菜包、豆包、馒头及枣花等。连续蒸了三天，多年的厨房禁不住热气的蒸腾，从屋顶落下一滴又一滴的屋油子。这一天，连着烧火蒸了几锅馒头，父亲太累了，嘱咐我与母亲说："我去休息一

273

会儿,你们不用急着做枣花,我起来后再蒸下一锅。"我心疼父亲,趁他休息赶紧去烧火,父亲却很快走进厨房,对我说:"我来烧,你出去吧。这些活太脏,不适合女孩子做。"父亲啊,女儿已经为人妻、为人母,可在您的眼中,我还是一个不适合干脏活的"女孩"。在那个寒风呼啸的冬日,父亲朴实的关心如老厨房灶内的炉火,温暖了我的生命,镌刻进我的记忆。

无论我们是否愿意,时间的列车总会带着我们呼啸向前。村庄已经远去,老屋已成历史,我唯愿父母安。因为父母在的地方,就是家所在的地方。父母在,家就在,那些温暖的时光就会一直延续……

做人，要有骨气

父亲是一个朴实的农民，他经常教育我们姊妹说："做人要有骨气，学习上、工作上要与好的比，吃上、穿上要与差的比。"他这样教育我们，也这样身体力行。他在村里担任会计工作二十余年，从没出过差错——除了那一次，他给别人多算了二十元，结果账上少了二十元，他拿家里的钱补上了。母亲很生气，劝他说："既然你能想起多给了谁，找他要回来就是了，何必自己添上？"父亲却说："是我自己算错了，就应该为自己的错误负责。再说，他肯定也知道我算错了，却没有还回来，我再去找他要，他会难堪的。"父亲就是这样，为别人想得多，为自己想得少。

记得小时候，因为姐妹多，家里的生活非常艰难，父亲虽然在村里当会计，但是补贴极少。有一次，我带着妹妹去割草，大概是走路太多、消耗太多的原因吧，还没到午饭时间，我和妹妹的肚子就咕咕地叫起来。那时候正好是玉米成熟的季节，妹妹盯着青青的玉米，眼中露出渴望的光芒，央求我说："姐，我们掰个玉米吃吧！"我犹豫着说："不好吧，这又不是咱家的玉米，如果让爸爸知道，他该生气了。"妹妹也许累了，一屁股坐在地上哭着说："我不管我不管，我饿了，我就要吃玉米……"一边是诱人的玉米,一边是妹妹的哭闹,我心软了,答应妹妹说:"那,只许掰一个……"妹妹一骨碌从地上爬起来,一下子就掰了两个,讨好地对我说:"姐姐,你也吃一个。"我又急又气,也不敢吃,就把它偷偷藏在筐底,上面盖着草拿回家了。刚回家,丢玉米的那家人就找到我家告状,父亲竟然低下一向挺直的腰板,低头哈腰对人家一再道歉,赔了人家的钱后,又一再说着"孩子不懂事,对不住您,您别生气"的话。

小心翼翼地把对方送走后,父亲关上大门,二话不说,用胳膊一把夹住我,脱下脚上的草鞋垫子(一种用硬皮制成的露脚趾的鞋子,特别结实)结结实实揍了我一顿,一边揍一边说:"做人要有骨气,我告诉过你没有,穷也要有志气!你当姐姐的,带头偷人家的玉米,怎么给弟弟妹妹做好表率……"我哭了。父亲,我也记住了你的话:做人,要有骨气。

晚上,因为屁股被揍得红肿,我只能趴在床上,连饭都没吃。突然,一股异香飘入鼻中,父亲托着一个烧熟的玉米走过来:"孩子,我今天打你打得太狠了,我是恨铁不成钢啊!从小我就教育你们,做人要有骨气,你怎么去偷人家的玉米呢?来,你把这个玉米吃了吧!"我看着香味扑鼻的玉米,一时竟不敢伸手去接。父亲说:"吃吧,孩子,这个玉米我们已经付钱了,放心吃吧!"吃着这个甜中带苦的玉米,我又哭了。我永永远远记住了父亲的话:做人,要有骨气。

从此,我认认真真学习、踏踏实实工作,尽管也取得了一些成绩,但我从来没有忘记父亲的教导:做人,要有骨气。

春之雪

黄昏时分，细雨蒙蒙，飘在脸颊，拂在发梢，竟给这个春寒料峭的季节增添了些许的温暖。

一会儿，雪来了。原来，雪花想要来探寻春的信息，就派小雨作为它的使者。发现了大地的干涸，它便飘飘洒洒来到了人间。它在空中展现着自己最美的身姿，就像那因风而起的柳絮，软软的，跳着自己最爱的那支舞曲。它盈盈地，冒挂在树梢，粘住了衣襟，亲吻着行路人的脸。哦，春天的雪，竟是这般轻柔。轻吻着温柔的雪，吸纳着它的微凉，仿佛一直清爽到了心底。

这一刻，我突然感觉心灵得到了净化，整个人都远离了喧嚣；这一刻，我的心突然变得柔软，忘记了那些黯然的牵挂，远离了那些世俗的纠葛；这一刻，我张开双臂，只想把每一片雪花都拥抱在怀中，然后让它们慢慢融化，直到自己也变成一朵飘飞的雪花。

昏黄的灯光已亮起，雪还在下。暮雪落落，透过窗户上的玻璃看远处，雪下得轻柔而细致，随风而舞，漫无边际，像是在回忆一幕幕往事。想起乐天先生的一句诗："夜深知雪重，时闻折竹声。"可惜，住在钢筋水泥块中的我们，远离地面，已无福消受这种韵致了。

　　毕竟，还可以与雪为伴。我安慰自己，明天吧！带着女儿在雪中痛痛快快地玩一场。明天，雪应该厚厚地铺在地上吧！这样想着，我安静地进入甜美的梦乡。

　　早上醒来，第一件事就是跑到窗前，看雪有多厚，可是马路上已经全无雪的痕迹。昨天就像一个虚幻的梦，只有草丛中还剩一些雪的影子。我意识到，昨天，我已享受过真实的精彩。

　　雪落无痕，说的就是春天的雪吧！

世博会法国馆

清新凉爽的水流，网状交织的外形，仿佛漂浮于地面的"白色宫殿"，这就是上海世博会法国馆。"巴黎是一座无与伦比的城市。"因为奥地利诗人里尔克的这句话，我奔向梦想中的法国馆。

自动扶梯缓缓上升，不觉间来到顶层的法式餐厅，我不由被多位身穿洁白婚纱的新娘吸引。到处是幸福的新郎新娘，飘逸的婚纱，如花的笑脸，连空气中都弥漫着温暖的味道。随手拿起一只高脚杯，法国大胡子调酒师立刻就会为你斟上一杯纯正的法国香槟，然后送上一个淡淡的微笑。笑靥如涟漪慢慢漾开，融化在香槟中，融化在每一位来宾心中。每当有女士出现，他总会认真看着男士，仿佛征询一般，然后微笑着说："Lady First."绅士极了，文雅极了。怪不得朱自清在他的《欧游杂记》中写道："从前人说'六朝'卖菜佣都有烟水气，巴黎人的身上大概都长着一两根雅骨吧。"巴黎人雅，因为他们"几乎像呼吸空气一样呼吸着艺术气，自然而然就雅起来了"。身处其中，人也不由变得雅致起来。酒杯轻轻地放，话语悄悄地谈，生怕破坏了这份宁静与和谐。

凭栏而立，俯瞰世博园。低头，品一口香槟，涩涩的苦，

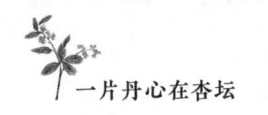

又淡淡的甜；抬头，英俊的服务生手托刚刚烘制出来的法式点心迎面而来。盘内，扇形的、心形的，各色点心组成了一幅优美的图案，让人不忍破坏这份美。小心翼翼地夹起一片，脆脆的，酥酥的……正在回味之际，又一份形色各异的点心送到面前。

进入展馆，一侧是视觉效果强大的影像墙，法国老电影的片段或现代法国的风景照正在轮番播放，让参观者尽情体验法国的感性与魅力。葱绿的植物装饰仿佛从天而降，不时有水珠滴落，尽显设计的水韵之美。

如果你去上海世博会，一定要去法国馆，也许，浪漫的故事正在等着你……

（此文写于2010年）

妈妈·婆婆·我

小时候，听妈妈说得最多的就是"你不会，我来做"。后来长大了，妈妈的话变成了"你歇着，我来做"。在妈妈心中，女儿不是太小就是工作太累，总之，还是需要妈妈来照顾。从妈妈简单的话语中，我感受到亲情的温暖，懂得了做人应该付出的道理。后来结婚了，听婆婆说得最多的是"很简单，你试试"。从简单的做饭到被褥的拆洗缝制，再到给女儿做棉袄棉裤，我惊喜地发现自己学会了很多。尽管过程中也有被逼无奈的委屈和对婆婆的怨恨，但是现在我明白了，婆婆教会我的是立身之本，让我懂得了责任的重要性。

后来，我到了莒县四中，孙佳芬主任像妈妈一样关心我、照顾我，我很快找到了家一样的感觉，迅速融入这个温暖的大家庭，并学会了把这种温暖传递给新来的老师。再后来，我加入了教科研中心，巩怀安主任严格要求我们。记得他第一次要求我写报道而我说不会时，他开玩笑说："教语文的怎么能不会写报道呢？你试试看！"当我把费尽心思写成的报道交给巩主任时，却被他改掉了几乎三分之二的内容，我羞愧极了，下决心要学会写报道。今天，当我能够熟练地在电脑上敲打着我钟爱的文字时，我感慨地想，巩主任不就如同我的"婆婆"

吗？正是他的严格要求，使我在写作上迅速成长。

在我们成长的历程中，要感谢妈妈和像妈妈一样的人，他们给予我们爱和温暖，让我们懂得了付出；感谢婆婆和像婆婆一样的人，他们教会我们立身之本，让我们懂得了责任。

由此我想到，作为教师，对待学生时，我们能不能做到"妈妈""婆婆"合二为一呢？生活上，做学生的"妈妈"，关心他们，鼓励他们，让他们体会到爱和温暖，帮助他们迅速融入班级和学校这些大集体，并鼓励学生主动关心他人、温暖他人，让学生体会付出和被关怀的快乐；学习上，做学生的"婆婆"，严格要求他们，让学生明白，好好做人和好好学习是他们的责任。我相信，有一天，我们的学生会像我今天所说的：感谢老师，像妈妈一样让我懂得了付出；感谢老师，像婆婆一样让我知道了责任。

那盆摇曳的凤尾竹

新学期伊始,老师们忙着整理办公室。卖掉废纸后,昭波老师提醒说,买盆花装点我们的办公室吧!这个提议立刻得到了响应,昭波和向明两位专业人才立即向花市出发。过了一会儿,两个人空着手回来了,原来他们喜欢上一盆摇曳多姿的凤尾竹,可惜它太大了,无法用摩托车带回来。他们对凤尾竹不吝言辞的赞美,引发了我们的无限遐想。眼前仿佛走来一位摇曳多姿的女子,她裙裾飘飘,翩然而来,梦幻一般……

"我开车去把它拉回来吧!"我们的遐想,使时胜老师挺身而出。于是,时胜老师开车,昭波老师带路,这盆大家梦想中的凤尾竹终于被小心翼翼地抬上来了,成为我们这个大家庭中的一员。看到它的第一眼,我立刻明白了它为什么能拥有这样一个美妙的、让人产生无限遐想的名字。它绿叶婆娑,风韵潇洒,状似凤尾。长长的纤细枝条,好似不堪枝叶的繁茂,又像少女含羞一般,微微低头,默笑无言。想起徐志摩笔下的日本少女"最是那一低头的温柔,象一朵水莲花不胜凉风的娇羞",此时,我却想把它改成"最是那一低头的温柔,恰似一枝凤尾竹不胜凉风的娇羞"。这盆摇曳的凤尾竹,就这样走进我们,征服了我们每一个人的心。

有一天，我们惊讶地发现，在它细密的枝叶深处，竟然趴着一只可爱的小蜗牛。它背着小小的壳，执着地与这株美丽的凤尾竹为伴，又追随着凤尾竹来到语文组。小蜗牛，我相信，有你多情的相伴，这株凤尾竹将永不孤单。

凤尾竹又叫观音竹。民间传说，有一年夏天，孽龙肆虐，兴风作浪，洪水猛涨，淹没了农田和村舍，淹死了人畜，百姓盼望上天来救民于水灾。人们的祈祷感动了观世音菩萨，她架云而来，先从天上放下一口大钟，把孽龙扣在钟里、打入深潭，让它永世不得作乱；接着又抛下一枝竹子，用竹枝扫去洪水，然后竹枝入土生根，慢慢蔚然成竹林。竹林保持水土、保护堤岸、调节气候，从此使人民免受水灾的侵害。为了铭记观世音菩萨的恩典，人们就把这种竹子称为观音竹。

多么美好的传说！凤尾竹又以一种别样的历史，记载了人们的感恩。今天的我们，备课累了时，抬头看一看凤尾竹，它微笑颔首的身姿，立刻舒缓了我们紧张的神经，带给我们清新愉悦的心情。感谢你，凤尾竹！

倾听一首大海的歌

赤脚走在细细的沙滩上，软软绵绵的感觉，立即欢快地通过脚趾的每一根神经传遍身体，使人舒服到极点。真想立刻畅游在无边的海水中，倾听一首大海的歌。

像是读懂了我的心思，海边的块块礁石上，立刻伶伶俐俐地爬出了无数海的小精灵，它们敏捷而又迅速地攀爬上岸边的礁石，乌黑的眼珠滴溜溜地转着，像是在对我诉说大海深处的秘密，可惜我听不懂它们的密语。女儿告诉我，每个人的心灵深处都有一座秘密的城堡，只有有童心的人才能进入。可能是这么多年的尘世行走，童心缺失，我已无法走进这些小精灵的秘密城堡了。

海面上，跃动的小船随波涛的变化时隐时现。一会儿浮现在浪尖上，撑船人戴的斗笠都清晰可辨；一会儿又消失不见，让我的心紧紧悬住，担心小船已被巨浪吞没。白色的浪花层层翻滚，涌向岸边，可是小船却依然停在不远不近的海面上，像是遥看海边的众生，又像是要摇向大海深处。稳坐船中之人，可是东坡先生吗？岁月褪去曾经的繁华，你带着旷世的豪情、淡泊的心境，向大海深处摇橹，似在向众生宣告：小舟从此逝，江海寄余生。

随着那只小船将视线放远,水天相接处,似黛绿又似深蓝的海水载着白帆点点。古人就是这样送别友人的吗?刚才还是"主人下马客在船",举酒相饮,管弦为伴,无奈"留恋处,兰舟催发";转眼间,"孤帆远影碧空尽",唯剩岸边的形单影只。泪眼蒙眬,姑且用王勃的"海内存知己,天涯若比邻"劝慰自己吧,不要在分别的路口"沾襟比散丝",因为浩瀚的大海会带着友人的牵挂,"万里送行舟"。

就这样,倾听一首大海的歌,让心灵徜徉在曼妙的享受中。许达然说:"山是纵的远方。有限的高峻是无限的蛊惑,长年的沉默是不变的磁力。"而我说,海是流动的远方,这样温柔有力的挑战,你去吗?

那些中国的脊梁

臧克家在纪念鲁迅先生的诗歌中这样写道:"有的人死了,他还活着。"昨晚再看"感动中国 2013 年度人物"颁奖盛典,深有同感。

那位如马兰花一般在戈壁滩盛放的林俊德院士,为了祖国的安全与强大,一生致力于科研工作,为国防科技和武器装备发展倾尽心血。在生命的最后一刻,他仍然要坐起来继续工作。他这样说:"躺在床上就是病人,坐起来就是正常人。""我怕躺下就会永远睡着。"明知自己朝不虑夕,但他仍选择在众人的搀扶下走向数步之外的办公桌,开始一生中最艰难也是最后的冲锋。他面色憔悴,戴着呼吸机,手指艰难地抚过键盘。连续奋斗了整整五个小时,他终于如释重负一般地对助手说:"现在看来,C 盘已经整理完了。"看到此处,一忍再忍的眼泪终于决堤而下。在死亡之海,他,站成了一株倔强的马兰。他说:"因为我是一个战士。"

那位把生命最后的阳光挥洒在我国首艘航空母舰上的罗阳,在没有经验也没有现成的关键技术可以借鉴的困境下,坚持自主创新。在航母上,罗阳亲力亲为,与科研人员一起整理试验数据,观看每次起降过程,记录和分析飞机状态。2012

年 11 月 25 日，在中国首艘航母"辽宁舰"舰载机成功降落后，这缕"辽宁舰"上最耀眼的阳光却突发急性心肌梗死、心源性猝死，不幸殉职。可以想象，无数个日日夜夜，为了舰载机的顺利降落，他承受了多么沉重的心理压力。多希望你只是小憩，醉一下再挑灯看剑，梦一回再吹角连营。可是，你这个"国家的儿子"却永远睡着了。

迷茫的时候，困惑的时候，我经常问自己："生命的意义到底是什么？"一株倔强的马兰花，一缕"辽宁舰"上的耀眼阳光，用自己的一生做了回答：生命的全部意义就是为了国家！因为他们的付出，国家才有了安宁；因为他们的奉献，我们才敢大声说"中国人的生命与尊严永远至上，永远得以维护"。

"有的人/情愿作野草，等着地下的火烧……只要春风吹到的地方/到处是青青的野草。"他们甘愿做野草，但我们知道，他们，才是中国的脊梁！

谈　心

生命如一只精致的玻璃杯，往往经不起天灾人祸的撞击。粉碎成一地的璀璨，每一片都是破碎的心。这时候，谈心便是重聚璀璨的最好办法。

想起一位友人给谈心所下的定义：所谓谈心，就是一间小屋，一盏孤灯，一种心境，两杯香茗，以及两段经历不同的岁月，在某一个夜晚，所进行的一种心灵和思绪上的渗透和沟通。友人的定义未免过于浪漫，但也道出了谈心的境界。

谈心便如品一杯淡淡的清茶，能生出无限的滋味。谈心会使我们的心灵得到很好的休憩、净化和升华。

远在美丽如画的泉城，有我的两位好友。一位是红霞，一个快乐豪爽的女孩。我总喜欢与她携手走在都市闪烁的霓虹灯下，谈家乡，谈父母，谈曾经随父辈一起"面朝黄土背朝天"的日子。谈起家乡的偏远与落后，她总有想立刻完成学业飞回家乡改变落后面貌的豪情。另一位是紫霞，一个聪慧而忧伤的女孩。我总喜欢与她共撑一把雨伞，漫步在蒙蒙的雨季，看匆匆的人流，观纷飞的细雨，谈人生，谈未来，谈我们的忧伤与困惑。

能与朋友倾心相谈，是一件多么幸福的事啊！当你在激烈

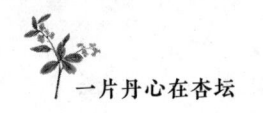

紧张的社会生活中感到劳累不堪、孤独难耐时,谈心会使你振奋,会使你感受心的牵引,于失望中重张希望之帆;当你被所爱的人击得千疮百孔时,谈心会使你清醒,会使你得到精神上的抚慰,于痛苦中重驾理智之舟;当你被人世之网纠缠得心力交瘁时,谈心会使你感受到朋友的温暖,于压抑中重振前进的信心!

生命的幸福之一,便是人与人之间的倾心相谈,感知心与心的相通、心与心的鼓励。谈心,便是两颗心在孤独和忧伤时的一种搀扶与促进。

那些谦卑的身影

七月，骄阳似火，中考招生工作已徐徐落幕。可是，高中校园里却出现了一些特殊的身影。

他们大多是皮肤黝黑、古铜脸色的汉子，手中紧紧攥着黑色的、一看就粗制滥造的人造革包，身边跟着一个个沉默的孩子。他们见人就谦卑地笑着，单薄而略显佝偻的身影行走在学校办公室、教导处与会计室之间，为孩子争取着委培生的名额。我听到汉子哀求加解释道："您就给孩子一个上学的机会吧，他考试的时候……平时学习是极好的……"他们的身子微弯着，满眼是深深的哀求，脸上布满焦急，却又努力挤出一丝笑容，极力为自己的孩子解释着、争取着。

终于为孩子争取到名额，汉子会欣喜地，甚至一路小跑着到达会计室，打开一直紧攥的那个粗糙的包，小心翼翼地捧出装着厚厚一摞钱的塑料袋，珍惜地蘸着唾沫再数一遍，颤颤地把钱双手递到会计手中，依然是谦卑地笑着："您数数，正好……"

这些谦卑的身影中，不时也会出现一对衣着光鲜的夫妻，他们往往带着一个穿戴时髦且前卫的孩子。他们或许家世显赫，或许财运亨通，他们也许从来不曾低下一贯高昂的头颅。

但今天，为了孩子，他们像那些汉子一样，见人就谦卑地笑着，为孩子争取接受高中教育的机会。

我问办好手续的一个汉子："您家里有什么收入？"他还是谦卑地笑着："您是老师吧？我们庄户人，除了种地，能有什么收入……"我接着问："给孩子交的钱，能顶一年的纯收入吧？"他明明比我高，却带着仰视一般的眼神看着我说："使劲干，差不多吧！"我的心一颤，"使劲干"，我能想象得出，一年来，汉子一家该如何操心劳累、省吃俭用，才能攒出这厚厚的一摞钱。我忍不住痛斥他身边那个趿拉着拖鞋、头发根根上翘、一脸无所谓的男孩："你初中稍微认真一点学习，也不至于让父母给你交这么多钱！你看人家正式录取的学生，才交1500元……"男孩被我训得有些难堪，汉子赶紧为孩子辩解："这孩子平时学习还是不错的，这次没发挥好……"我不忍心再让汉子为难，可是我很明白，中考总分750分，就是发挥得再不好，也不至于考这么低。这样的成绩只能说明一个问题，孩子在初中根本没认真学习。

时间过去了好久，我依然无法忘记那些谦卑的身影。此时此刻，我最想对已经坐在高中教室里的同学说：曾经，你的无知与懈怠，让父母的身影无奈而谦卑；那么，从现在做起吧，凭借你的努力，让父母骄傲地挺直自己高大的身躯。当你懈怠时，当你颓废时，当你想要放弃时，请记住那个为你匆忙奔波的谦卑身影。

（此文写于2009年）

状元和乞丐

有两位望子成龙的母亲,很想知道自己儿子的命运如何,于是她们不约而同地去找一位算命先生。

算命先生对第一位母亲说:"恭喜,你儿子是状元命,你就等着风光享福吧!"接着他对第二位母亲说:"你的儿子是乞丐命,穷得要饭都会跌破瓢。"

第一位母亲回家后兴高采烈地告诉了儿子。儿子一听自己是天生的状元命,开始吃喝玩乐,虚掷光阴,只等命运的光环罩在自己身上。第二位母亲回家后无限悲伤地劝儿子放弃学业:"你是天生的乞丐命。"儿子生气地说:"我就不信这个命。"从此他焚膏继晷,刻苦攻读,想凭自己的努力改变命运。

几年以后,两位同龄人同时登上科考之途。第一位胸无点墨,却踌躇满志;第二位胸有成竹,决心挑战命运。结果可想而知:第一位科举落第,又没有谋生的技能,最后沦为乞丐;第二位却高中状元,衣锦还乡。

这是一个民间故事,它要告诫世人的是:不要因别人一句奉承的话而失去了追求的目标,也不要因别人一句批评的话就丧失了自我。因为,命运就在自己的手中。

我懂得了行动

生活中,总有些小小的感动,淡淡如风,浅浅如水,却在我们的心田种出一片青葱的绿。那些感动,柔软着我们的心灵,温暖着我们的生命,让我们有所思,有所悟,进而有所行动。

记得那个周末的早晨,难得没课,我骑着自行车不紧不慢地去父亲种的小菜园里割了韭菜,拔了两棵葱。一想到中午就可以吃到新鲜的韭菜水饺,我心情雀跃不已。

往回走的路上,两棵长长的葱在小小的车筐里,总是时不时跳跃一下。如果用装韭菜的方便袋系一下,它们就不会跳动了,但是还要下车系,算了,懒得行动了。于是我骑一会儿车,就要小心翼翼地右手扶车把,左手摁一下这两棵"不安分"的葱。快了,我想,转过前面的红绿灯就到家了,坚持一下,就不用下车整理这两棵葱了。

可是,我低估了这两棵叶子茂盛的小东西。趁着前面右拐弯,一棵葱调皮地跳出车筐,悠闲地躺在了马路上,等我发现时,已经离那棵葱有些距离了。反正今天早晨又没事,我慢慢地靠近路边停下自行车,不紧不慢地回头,走向那棵躺在马路上的葱。

此时，我看到一辆黑色的轿车停在马路上。我想，真奇怪，这里又不是停车的地方，停在这里不怕被罚吗？弯腰捡起那棵葱，我又看向那辆轿车，我的视线与车内那位年轻司机的视线在空中交汇，他微笑着向我点头，然后发动了汽车。那一刻我恍然大悟：原来，年轻的司机甘愿冒着被罚款甚至扣分的风险在马路边停下车，只为让我捡起这棵翠绿的葱。清晨的阳光洒在眼前的黑色轿车上，年轻司机那温暖的笑容让我感动，更让我惭愧。

其实，他完全可以无视这棵躺在地上的葱，碾压过去，既不会浪费时间，又不用担心被罚款扣分。可是他却静静地停下来，也不鸣笛催促，直到我捡起那棵葱，他才绽放出温暖的笑容，然后缓缓离开。

其实，我也完全可以早早停下车，整理好那棵葱，让它跳不出车筐。可是，我却一次次缺少行动，敷衍了一次又一次，就想糊弄着到家就可以了。就因为我的不作为，不但浪费了这位年轻司机的时间，还可能给他带来麻烦。

生活，让我懂得了行动的重要性。如今的我，过马路时会快速通过斑马线，只为给礼让行人的司机节约几秒钟；如今的我，会把自行车停在离斑马线远一点的地方等红灯，只为让疲惫的交警少用沙哑的嗓音再说一遍"请您往后退一点"；如今的我，会顺手捡起路上的垃圾，只为让清洁工人少弯腰一次……行动起来，让这个世界更美好。

我们家的三代女性

喜欢闲暇之时泡上一杯绿茶，让淡淡的茶香氤氲满室，阳光暖暖地照进来，思绪便如一幅画卷缓缓展开。今日的茶香格外怡人，今日的思绪串起了三个故事。

奶奶的故事

1940年的莒县，日寇入侵，时局动荡。三月的一天，18岁的小脚奶奶嫁给爷爷。25岁时，奶奶已是两个男孩的妈妈——一个4岁，一个刚刚会爬。在一个如平常如往日的早晨，爷爷出门办事，从此杳无音讯。那样困苦的年代，奶奶只身带着两个孩子，开始了更为艰难的日子。

为了养活两个嗷嗷待哺的孩子，奶奶柔弱的肩膀，从此变得坚硬。她在外像男人一样劳作，回家又像所有的女人一样操持一切。最艰难的时候，她曾经狠心抛下两个孩子孤独地在家，自己去给有钱人家当保姆，从而赚取一点微薄的收入，以便填饱两个孩子的肚子。我无法猜测，当两个孩子哇哇哭喊着"妈妈"时，奶奶是如何揪心地转身离去；当她抱着别人的孩子耐心喂饭时，心中又该是如何的酸涩。

温饱不足的日子里，由于家贫无法继续学习以及别人的冷眼相待，大爷——也就是奶奶的大儿子，承受不住沉重的心理压力，罹患精神疾病，辗转治疗多年。这样的艰难中，奶奶执着地迈着小脚，默默坚持。靠着这份顽强，奶奶终于把两个孩子抚养成人。

对奶奶最深的印象是我在哭喊着要妈妈给我买一个新书包时，她那掷地有声的话语："穷人要有穷人的志气，想要新书包，就靠自己的努力去挣。"我好像听明白了什么，又好像什么都不明白。但奶奶那坚毅的眼神、凛然的气势还是深深震撼了我，我不再哭喊着要新书包，而是背着妈妈缝的花书包读完了小学。直到现在，我还时常想起奶奶说这句话时流露出的那份坚定与刚强。

1995年，73岁的奶奶合上了眼睛，离开了她为之操劳一生的家。在奶奶的人生中，苦累多于欢欣。从奶奶的身上，我读懂了女性的坚强和奉献。

妈妈的故事

印象中，母亲总像一阵风。因为父亲在村里工作，无暇顾家，母亲既要照顾我们姐弟三人，又要忙田里的活，所以做起事来总是干脆而麻利，从不拖泥带水。

那年，听说种大蒜能比种小麦多一些收入，母亲不顾父亲的阻挠，执意把五亩地全部种上大蒜。没有机械，全部靠人工。炽热的阳光下，母亲用镢头，一下又一下拉起沟来，然后用篮子提着蒜瓣，把蒜瓣均匀地撒在地沟中。教会我栽蒜瓣后，母亲又匆匆跑向地头照顾一会儿只有两岁的小妹和仅有一岁的小弟，然后蹲下和我一起栽蒜。一畦又一畦，一天又一天，母亲就这样带着我，用双手栽完了五亩蒜。在母亲的奋斗下，生活真的一天天好起来。

可是母亲并不知足。有一天，她拿出全家的积蓄告诉父亲，她要跟别人去一趟杭州，看看能不能进一批服装和丝巾。"回来卖卖看。现在的人生活好了，衣服容易卖。"记得母亲说这话时，两眼放着光，好像真能发大财一样。父亲和母亲发生了激烈的争吵，但母亲还是毅然去了杭州。经历了几次起伏后，母亲真的成功了，很多人听说母亲进的是货真价实的杭州货，还专程到家里来买。

如今的母亲，正惬意地安享晚年生活。在母亲创业的过程中，心力的付出与成功的喜悦并存。从母亲的身上，我读懂了女性的奋斗与创新。

我的故事

奶奶的坚强奉献，妈妈的奋斗创新，多多少少影响了我。带着这些优良的品质，我走进了新时代。可以自豪地说，我是与时俱进人群的一员。

受过大学教育的我成为一名光荣的人民教师，多少个日日夜夜，我伏案学习，默默储备知识，钻研疑难问题，然后尝试着在传统的教学模式上建立独特的教学方式，用自己的行动践行先进的教育理念。

古人云："其身正，不令而行；其身不正，虽令不从。"我不断对自己提高要求，用自己的理想信念、人格魅力影响学生，而不是对学生作硬性要求。我还学会了用身边的小事教育学生。记得有一次，我目睹了家长给孩子送饭的感人场面后有感而发，写了一篇《雪人》，没想到学生很受感动。抓住打动学生的这件小事，我要求学生在作文课上以"感恩"为话题写作文，学生们或记录自己与家人相处的点点滴滴，展现亲情的温暖；或以一颗感恩的心重新审视生活，记录心灵的每一点感动。事后，我惊喜地发现，学生们突然长大了，跟任课教师顶嘴的事少了，同学之间很少发生矛盾了，甚至有家长告诉我，孩子回家后知道主动帮着干家务活了。我意识到，用这些生活中的小事教育学生，比苦口婆心的劝说有效得多。现在的我，学会了认真观察生活，并用这些点点滴滴的小事影响和改变我的学生。

很多学生毕业后，依然与我保持密切的联系，我们像朋友一样谈工作和学习。我很自豪，虽然我只是一名普通的教师，但是凭着一颗敬业的心和至真至诚的努力，我得到了学生们的认可。

如今，我的女儿已经八岁，我们家的又一代女性正在健康快乐地成长着……

（此文写于 2011 年）

第三章 远足之旅

随笔篇

旅游是一首诗

假日闲暇，徜徉山水，让心灵的悸动于记忆中留驻。时时翻检，让每一朵花飞舞，每一座山轻灵，每一个故事温暖。夏夜偶尔的清凉也能荡起心中的层层涟漪、朵朵浪花，让人忍不住静静坐下，低吟一首清丽的小诗。

想起那日，站在济南的黄河浮桥上，看着汹涌的黄河水裹挟着泥沙翻滚而下，每有大车经过，整座桥都会颤动起来。手中的矿泉水瓶失手落下，立刻被黄河吞没，转眼踪迹全无。耳边响起女儿的话："妈妈，我知道了，黄河的水太黄了，所以它叫黄河。那为什么人们又叫它母亲河呢？"

因为它灌溉了无数的农田，无私养育着两岸的人民，还是因为它的勇敢无惧、一往无前呢？望着眼前滔滔的黄河水，我突然改变了答案："因为沙土也像人，有两种。一种安土重迁，渴望固守家乡，守护故乡的静谧与心灵的宁静；一种血液里就遗传着流浪的鲜红，渴望到远方去流浪，追寻向往。黄河就像这些沙土的母亲，它懂得孩子们的心思，就把渴望留在家乡的沙土留下，而带着向往流浪的孩子们去远方。"

说完这些话，姑且不管女儿一连串的问题，我忍不住笑了，因为想起了雪莱的回忆。"我是远方原野的浪人，我曾航过大海。"也许固守的沙土也曾有过流浪的向往,只是固守的日子久了,那种流浪的冲动变成眼前幸福的佳肴,于是它们心甘情愿把自己桎梏在笼中。

许达然《远方》中有这样一句话:"或美或丑,对你,远方仍是温柔的有力的挑战,你去吗?"是的,我去。因为旅游是一首诗,它像远天的星辰一样,以常年的静默逗人遐思,让我们呆滞的眼神瞬间轻灵,让我们僵化的思维瞬间打开;因为旅游是一首诗,它让本是叙事的人生,插入了一首首绮丽多姿的小诗。

明月清风自在怀

每次去泰安都行色匆匆，不能深入走进它的内心、感受它的文化，一直深以为憾。因为一次教研会议，我得以走进泰安，亲近这座我梦寐以求的城市。

远远地便看到了泰山，只见它巍峨壮丽，绵延不断。想起班固在《白虎通义》中说："王者受命，易姓而起，必升封泰山。何？教告之义也。"想必，泰安人也会受了这"义"的熏陶感染吧！

一坐进出租车，司机师傅就热情地向我们"推销"泰山："你们是第一次来泰安吧！那一定要爬泰山，这可是历代皇帝都来的地方。玉皇顶是泰山的最高峰，你们知道它为什么叫玉皇顶吗？因为峰顶有一座玉皇庙，你们一定要去看看。"我们的回应更激发了他介绍家乡的热情，他自愿放缓了行车的速度，为我们当起了导游。每走到一条街，他就会给我们介绍这条街的名称、由来以及特色。临下车的时候，他还不忘嘱咐："回去别忘了给孩子讲讲泰山，有空带孩子来爬爬泰山。"直到我们信誓旦旦地应允后，他才放心离开。我突然想到了家乡的浮来山和那棵古老的银杏树，我们对家乡名胜的热爱，能达到司机师傅这淋漓尽致的境界吗？

下车时已过正午，我们直奔宾馆餐厅，服务员奇特的发髻立即吸引了我的目光，让我想起了温庭筠形容女子之美的诗句："小山重叠金明灭，鬓云欲度香腮雪。"眼前的女子，刘海统一梳起，发髻上扬，恰似高高的泰山，加上红妆相称、笑语盈盈，虽然还没有爬泰山，我们分明已处在群山中了。忍不住探问缘故，果然得到了料想中的答案："我们爱泰山，我们愿意梳成这种泰山模样的发式。"

晚上，大街上随便走走，灯火阑珊处，不经意间就会发现一个小摊。摊主气定神闲，身前随意摆着几块形状各异的石头。有的像展翅欲飞的鸟儿，有的像仙风道骨的老翁，还有的什么都不像，就只是静静地立着……也许是摊主就势起名，它们或曰"喜鹊登枝"，或曰"太公垂钓"，最有深意的却是那块什么也不像的石头，竟被命名为"石缘"……随行的泰安老师介绍说，泰安人都喜欢山石与山松，随便走进一户人家，都能看到几块山石，随意摆放却又诗意盎然。因为，泰山的一草一木，都已经熔铸为泰安人的灵魂风骨。泰山装点了泰安人的生活，泰安人丰盈了泰山的意蕴。

明月清风自在怀，身处泰山脚下，泰安人就这样诗意地生活……

夜游植物园

　　日照学习，饭后无事，一行六人，相约夜游植物园。
　　一番苦走，终于到达。植物园播放的优美旋律仿佛自邈远的天际飘来，梦幻一般，又似有缕缕清香，沁人心脾。眼前，果然突现同游者李君先前介绍的那一大片郁金香。星光下，一片红黄的海洋也许是厌倦了白日的喧嚣，束缚的身体内燃烧着对自由的焦灼渴望，此时它们正轻松舒展开自己柔美的肢体，曼舞的手臂间秀出最淳美的脸庞，轻诉着对夜幕的无尽爱恋。我竖起耳朵，想听清它们的呢喃，它们又像突然觉察到自由的世界闯进了陌生人一般，迅速低下头，满脸绯红，似一朵朵水莲花，不胜凉风的娇羞。一朵花轻触着另一朵花，耳语"有人来了"一般，这片荡漾着红黄的海洋立刻成为一个静谧的世界。我轻轻踱步离开，仿佛又听到它们如释重负后的轻松私语。我驻足回首，它们又立刻闭紧嘴，好像刚才什么也没有发生。
　　眼前忽然一亮。原来，我们走进了花草的长廊。那些地面的花儿、草儿，突然像长了翅膀，飞在空中，组成一道又一道绚烂的拱廊。有的凌空而起，翩翩飞舞；有的挺直身子冲向空中，"欲与天公试比高"；有的紧紧抱成一团，仿若不胜海风的吹拂；又有的伸出纤细的手臂，"似牵衣待话"。此时，我像一只轻盈的鸟儿，

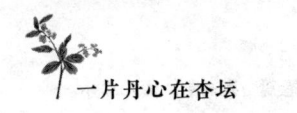

自由飞翔于花的世界；又像一只欢快的鱼儿，畅游于草的海洋。

曲径通幽处，花枝轻拂面。小心穿行中，忽闻乐声来。迎面是岩石，乐声何处来？疑惑间，同游者刘君一语道破，原来是音响被巧妙地隐在岩石的罅隙之间，真可谓匠心独运！

想起李太白诗意地栖居于碧山之上，面对别人充满疑惑的目光，"笑而不答心自闲"。而今晚，我也深深眷恋着这里，因为夜幕中的植物园，"别有天地非人间"。

同游者王君像个调皮的大男孩，他甩开两臂，心无旁骛，沿路直奔，好似目标就在不远的前方；而同游者李君又似一位睿智的长者，引领我们前行，自由轻松的谈话总让我有所思、有所悟；只有刘君叫苦连天，不住地喊累，在我们五人善意的讽笑中，他下决心要锻炼身体了。

孔门七十二贤之一的曾皙说："莫春者，春服既成，冠者五六人，童子六七人，浴乎沂，风乎舞雩，咏而归。"乐在其中矣。而今，初夏之夜，知音相伴，畅游海滨植物园，乐亦在其中矣！

因为有你

　　水是眼波横，山是眉峰聚。在这个烟雨蒙蒙的季节，因为一次校园文学的会议，我走进诗情画意的南方。无边丝雨打湿了城市，却打不乱行人轻盈的步履。青山、绿水、雨伞、行人，组成了一幅和谐温馨的画面。

　　随着游览的旅客，我走进南昌八一起义纪念馆。序厅里，一只巨手擎起一杆枪的大型石雕，冲破一丛乱石横空出世。序厅的雕塑无声地诉说着当年那段历史，深深震撼我的，是这样一面名录墙：墙上镌刻着 858 个名字。当年参加南昌起义的两万多名官兵，只有这 858 人留下了姓名。一面冰冷的墙壁、一个生硬的数字背后，是一个个那么鲜活、那么年轻的生命。有的名字的生命就停留在 1927 这一年。他们也许为人子，感念父母养育之恩，遥遥泪湿衣衫；也许为人父，想到襁褓幼儿，更添坚强斗志；也许为人夫，像林觉民一般写下感人至深的《与妻书》，只是无情的镇压把它燃成了一纸灰烬。手指沉重地拂过这面冰冷的墙壁，突然泪流满面。因为你们曾经的为信念而战，因为你们的一腔热血抛洒，我们才有了今天的幸福和谐。你们虽已远去，但你们改写的历史永远活在这座城市的记忆中，活在我们每一个人的心中。

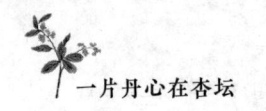

你们,用生命书写了辉煌。今天,瓦蓝的天空中,辽阔的海洋上,壮美的祖国大地上,你们,人民的军队,依然在书写着辉煌。

是的,因为有你,战火纷飞的日子,我们没有畏惧;因为有你,灾难面前,我们镇静迎战;因为有你,我们的国家在前进的路上有了可靠的保障。

因为有你,自然灾害,我们不怕。看,地震之后,到处是残垣断壁,不时还有余震传来,继续毁灭着我们的家园。然而,在这片废墟中,你们来了。你们不顾自身安危,将一个又一个受困同胞解救;你们顾不上休息,与时间赛跑,创造一个又一个生命的奇迹。是的,因为有你,人民的军队,我们不怕!

因为有你,挑衅,我们不怕。边境冲突,我们挺直了脊梁,机智化解,因为有你们做我们的坚实后盾;因为有你,中美会谈,我们底气十足,维护国家尊严;甚至晚舟归航,也发自内心呼喊:"那一抹绚丽的中国红。"这一切,还是因为有你。

你们,用自己的生命改写了中国的历史;你们,把全部的爱奉献给了祖国;你们,用无私筑起了我们伟大祖国的绿色长城。因为有你,任何困难,我们都不怕!

红　叶

　　小时候读杜牧的《山行》，对"停车坐爱枫林晚，霜叶红于二月花"一句尤为不解。经霜之后的树叶不是会枯黄飘零吗？怎么会红于二月之花呢？老师解释说，有一种树叫枫树，它的叶子经霜之后会变成红色，颇为鲜艳。

　　后来读王实甫的《西厢记》，被"晓来谁染霜林醉，总是离人泪"一句深深震撼。那是怎样一种惊心动魄的别离呢？恐怕不是韦应物一句"相送情无限，沾襟比散丝"可比拟的。泣尽血流，终染霜林而红，无怪乎江淹这样总结道："黯然销魂者，唯别而已矣！"于是我在内心认定，红叶是凄凉壮烈的象征。后来读毛泽东的《沁园春·长沙》，读至"看万山红遍，层林尽染"一句，不觉心胸开阔，豪情顿起，感觉自己也要像青年毛泽东一般"指点江山，激扬文字，粪土当年万户侯"。此时，又认为红叶是逸兴遄飞的载体了。

　　于是，那片红叶就一直在想象中飘啊飘，很多次，它都像从我的幻想中飘到眼前，简直触手可及。可是一伸手，它又如远处高楼上渺茫的歌声似的，一刹那让我产生"庄生化蝶"的感觉。闻说北京香山节，也拟轻车行，无奈尘世的喧嚣日日烦扰，有心摆脱，却无力抗拒。于是那片红叶就一直飘啊飘，夜夜飘入我的梦中。

俗世固然缺乏"舍南舍北皆春水，但见群鸥日日来"的雅趣，但也着实充满"柳暗花明又一村"的欣喜。当听到能去北京开会的消息时，我就像那位日日对着向晚的青石街道、凭楼远眺盼归人的"红袖"一般，闻听嗒嗒的马蹄声由远及近，心啊，如一朵俏丽的白莲瞬间绽开，只为终于有机会一睹梦想中的那片红叶。

有幸得到薛校长、刘校长两位前辈的帮助，会议甫一结束，我们就直奔香山。车行繁华的北京城，不知走过多少条路，不知转过多少道弯，突然就翠色染目、白云亲颊，原来我们已到香山。尽管游人如织，我的心情却雀跃不已。我见香山多妩媚，料香山见我应如是。

这里完全不是我想象中的"万山红遍，层林尽染"，但见红的、黄的、绿的，枫叶或间隔或密铺，错落有致，色彩炫目，就像画家笔下五彩缤纷的颜料。我不禁陶醉其中，轻轻地走在一树一树的缤纷中。原来，轻灵也可以在秋的光艳中交舞着变。每一树枝叶都向着晴空伸展，坦荡、自然，许我顺着枝叶穷究它的泉源；每一片叶子又随风舒展，揭示着它的每一个深思、每一角心境。树下，层层的叶子铺成一地的璀璨，红的、黄的、黄绿的，五角的、椭圆的、扇形的……它们有的伸展开手脚亲吻着大地，好似在倾诉着对大地的无尽爱恋；有的手拉手、肩并肩，正悄悄分享着自己独特的秘密；有的可能还没做好离开树枝的准备，就被一阵风猝然吹落，它正努力地把一角高高翘起，倾诉着对天空的依恋与渴望……每一片落叶都是一个故事，诉说着梦里花落知多少，又把曾经缤纷的美丽搁浅在大地上。

"远上寒山石径斜,白云生处有人家。"努力向着蜿蜒的山路进发,白云氤氲处,我愿一生停驻,因为在这个萧瑟的季节,它留给我一世的繁华与温暖。

后 记

人到中年，常常感到惶惑。语文老师到中年，似乎更加惶惑。既叹岁月流逝，又感事业无成。如我，已然过不惑之年，近来更是惶惑起来。记得多年前参加一向敬重的孙家三老师的长篇小说《桃源殇》首发式时，曾问他写作缘起。孙老师回答说："我就是想对自己的四十岁有个交代。"这句不经意的话竟然像一颗种子，埋在了我的心里，时时要破土萌芽。因为我深知：对自己有个交代，不是一个"声名狼藉的念头"，而是一个可以信赖的催人奋进的理由。

回想自己二十余年的教学生涯，从乡镇中学到县城中学，变的是环境与学生，不变的是坚守的初心。行走在语文教学之路上，随时捡拾生命中的感动与收获，将其变成笔下细碎的文字，不知不觉间积累了三十余万字。回头再读这些文字，最爱是师生情，最美是奋进路，最甜是教育果……琐碎中竟也留下了一些特别的温暖。于今精挑细选已发表或获奖的八十余篇文章，十余万字，编辑成册。它不是要鞭策他人，而是要激励自己；它不是一个总结，而是一个新的开始。苔花如米，青春自来；小草平凡，向阳而生。这也算是对自己不惑之年的一个交代吧！

后 记

  在编写本书的过程中，得到了学校领导、同事和各界好友的指导与帮助。莒县二中张守标校长对此书提出了宝贵建议，给予充分肯定；二中的同事们给予我热诚的鼓励与帮助；作家协会的同仁们也帮助进行校对修改；前辈孙家三老师更是不遗余力地参与了本书选稿定稿的全过程。在此，一并致以衷心的感谢！

  书中难免存在疏漏，恳请各位专家、读者不吝赐教，以便进一步完善提高。

鲁文娟
2023 年 2 月